なるにはBOOKS
補巻18

東南アジアで働く

横山和子 著

ぺりかん社

はじめに

私たちを取り巻く環境《かんきょう》は、少子高齢《こうれい》化など目に見えるだけでも大きく変化しています。この本は、そうした状況《じょうきょう》をふまえて、若い人たちに新しい働き方を提案するものです。

1970年代後半は、大学を卒業したら会社に入り、定年まで勤め上げて退職することがあたりまえと考えられていました。男子学生は多くの求人募集《ぼしゅう》のなかから就職先を選択《せんたく》することができる一方で、女子学生への求人はほとんどありませんでした。長期雇用《こよう》、年功序列賃金という制度の下で働く伝統的働き方は、「日本的雇用《こよう》システム」と呼ばれています。

著者は大学で教員をしていますが、現在、学生たちは男女雇用《こよう》機会均等法の下で、女子学生は男子学生と区別なく雇用《こよう》されるようになりました。また、欧米《おうべい》型の成果主義人事制度が日本企業《きぎょう》に導入され、大学卒業後に就職した会社から転職することもめずらしくはなくなってきました。豊かな社会に育った学生たちはおしなべて画一化を嫌《きら》い、多様性を求めているように思います。

ここ数年、新聞、テレビでは「グローバル化」という言葉を頻繁《ひんぱん》に耳にします。インターネット、情報メディアの発達により、情報は瞬時《しゅんじ》に世界中を駆《か》けめぐるようになりました。

航空産業の発達は、人びとの移動も容易にさせました。本書でくわしく説明しますが、第２次世界大戦後に独立し、経済力を強めている「新興国」と呼ばれる国々の経済成長は近年、めざましいものがあります。

本書は、「日本的雇用《こよう》システム」の下、会社の長期戦略の下で働くのではなく、東南アジアで自分の意志で起業家として働く、比較的《ひかくてき》若い人たちを紹介《しょうかい》するものです。

１章では、東南アジアの新興国の経済状況《じょうきょう》を概観《がいかん》します。一人当たりのＧＤＰ（国内総生産）、経済成長率、経済規模で見てみると、アジアの新興国は、経済規模は小さいけれど経済成長が著しいことがわかります。経済成長が小規模な新興国でも、家計の所得が５０００ドルから４万５０００ドルの中間層と呼ばれる層が出現し、先進国の企業《きぎょう》にとって魅力《みりょく》ある消費市場となってきていることを説明します。

２章では、経済規模が大きい新興国であるタイのバンコクで、市場調査会社、古式スパ・マッサージ店、日本製健康グッズ販売《はんばい》会社を経営している３人を紹介《しょうかい》します。また、経済規模は小さいけれど、成熟先進国である香港《ホンコン》で照明デザイン会社、医療《いりょう》サービス会社を経営している２人を紹介《しょうかい》します。

３章では、経済規模が小さな新興国であるカンボジアのプノンペンで起業している人たちに登場してもらいます。彼らはデザイン会社、パン屋さん、土産《みやげ》店、人材開発事業会社などさまざまな分野で活躍《かつやく》しています。

コラムでは、タイのバンコクで人材紹介《しょうかい》会社を最大手にまで成長させた人、ボランティアを経験後にカンボジアのプノンペンで小口融資《ゆうし》を行う会社を経営している人、日本での事業収益を基にカンボジアで大学を経営している人を紹介《しょうかい》します。本書で紹介《しょうかい》する人たちがどのような考えをもち、人生のどのタイミングで起業したかについて考えてみてください。

４章では、東南アジア、海外で働くための心得のみならず、経営学のキャリア開発の理論と、著者が現在行っている研究の一部を紹介《しょうかい》します。

本書の執筆では、たくさんの方々のお世話になりました。東京《とうきょう》和僑会《わきょうかい》の三浦忠《みうらただし》会長には、本書に登場する日本人起業家の多くを紹介《しょうかい》していただきました。子育ての合間にインタビュー記録の音声データを文字に起こしてくれた東洋学園《とうようがくえん》大学大学院修了生《しゅうりょうせい》の秋葉佑衣《あきばゆい》さん、統計データの作成を手伝ってくれた東京《とうきょう》大学大学院経済学研究科の立石泰佳《たていしやすか》さんと東洋学園大学大学院現代経営研究科の潘揚《はんよう》さん、また、本書が完成するまで背中を押《お》し続けてくれた、ぺりかん社の編集者加藤欣子《かとうよしこ》さんにあらためて感謝申し上げます。

なお、本書は、２０１７～２０１９年度、科学研究費助成事業、基盤《きばん》研究（C）（一般《いっぱん》）研究課題：Japanese Self-Initiated Expatriation: Lessons for Entrepreneurship and

Education in Asia（JSPS科研費17K03948）の助成を受けた調査研究の一部であることを付記させていただきます。

本書のインタビューは、すべて大学の長期休暇《きゅうか》期間に行ったものです。本書を通じ、日本人起業家の生き方、働き方を少しでも理解していただければ幸いです。

横山和子《よこやまかずこ》

東南アジアで働く　目次

はじめに ……… 3

［1章］東南アジアを知ろう

日本経済の成長とアジア ……… 12
海に囲まれている国、日本／日本的経営から成果主義型経営へ／成熟社会の到来

東南アジアの新興国 ……… 16
新興国とは？／新興国の代表、BRICs／世界各国の分類／ベース・オブ・経済ピラミッド層（BOP層）／カンボジアの経済成長

新興国でのニーズ ……… 26
変化する市場／中間層の出現／日本企業のアジアへの進出／アジアで成長するサービス産業／活躍する日本人

［2章］ドキュメント 新たな市場を発見！

ドキュメント1 タイ **市場調査会社の経営者** ……… 34
阿部俊之さん・ASEAN JAPAN CONSULTING

ドキュメント2 タイ **古式スパ・マッサージ店の経営者** ……… 42
上野圭司さん・Living At Ease

ドキュメント3 タイ 日本製健康グッズ販売会社の経営者 …… 50
栗原宏実さん・kenkoplus
【Column】タイで人材紹介会社の最大手として成長　小田原　靖さん …… 56
ドキュメント4 香港 照明デザイン会社の経営者 …… 58
植村純二さん・Lighting Workshop Company（光工場公司）
ドキュメント5 香港 医療サービス会社の経営者 …… 64
堀　眞さん・Mediport International

[3章] ドキュメント 社会の経済発展を支援！

ドキュメント6 カンボジア デザイン会社の経営者 …… 72
奥田知宏さん・OS!
ドキュメント7 カンボジア パン屋さんの経営者 …… 79
奥田真理子さん・SANCHA
ドキュメント8 カンボジア 商品の企画開発・販売会社の経営者 …… 86
温井和佳奈さん・Blooming Life International
ドキュメント9 カンボジア 土地開発や人材開発事業会社の経営者 …… 94
黒川治郎さん・HUGS
【Column】ボランティアを経て、小口融資を行う会社を設立　磯部正広さん …… 102
【Column】獲得した資金を元にカンボジアで大学経営　猪塚　武さん …… 104

［4章］

東南アジアで働くために

働く前に考えてみよう …… 108
ライフステージとビジネス開始の時期／働く自分をイメージする／10代から20代中盤の重要性

起業家の特徴と不可欠要素 …… 113
共通点と相違点／キャリア・アンカー、座右の銘／メンターの重要性／海外との接点／起業する適性年齢／不可欠な柔軟性／家族からの支援

成功するための心構え …… 124
働くきっかけ、考え、夢／自分の思いを自分の言葉で語れる強さ

起業の実際 …… 128
働きたい国の情報を入手／国ごとに異なる制約／開業資金の有無／投資家とのパートナーシップ／知っておいてほしいこと

生活と収入 …… 134
日本と異なる貨幣価値／高い生活満足度

これからのアジア …… 136
めざましい発展が続く／人材の確保、育成が課題／利益追求だけではなく共存共栄をめざす

【なるにはフローチャート】東南アジアの起業家 …… 139
【なるにはブックガイド】 …… 140
【職業MAP！】 …… 142

※本書に登場する方々の所属等は、取材時のものです。

［装丁］図工室　［カバーイラスト］ハラアツシ　［本文写真］横山和子

「なるにはBOOKS」を手に取ってくれたあなたへ

「働く」って、どういうことでしょうか?

「毎日、会社に行くこと」「お金を稼ぐこと」「生活のために我慢《がまん》すること」。

どれも正解です。でも、それだけでしょうか? 「なるにはBOOKS」は、みんなに「働く」ことの魅力を伝えるために1971年から続いている職業紹介ガイドブックです。

各巻は3章で構成されています。

[1章] 仕事の世界 職業の成り立ちや社会での役割、必要な資格や技術、将来性などを紹介します。

[2章] [3章] ドキュメント 今、この職業に就いている先輩《せんぱい》が登場して、仕事にかける熱意や誇り、苦労したこと、楽しかったこと、自分の成長につながったエピソードなどを本音で語ります。

[4章] なるにはコース なり方を具体的に解説します。適性や心構え、資格の取り方、進学先などを参考に、自分の進路と照らし合わせてみてください。

この本を読み終わった時、あなたのこの職業へのイメージが変わっているかもしれません。

「やる気が湧いてきた」「自分には無理そうだ」「ほかの仕事についても調べてみよう」。

どの道を選ぶのも、あなたです。「なるにはBOOKS」が、あなたの将来を照らす水先案内になることを祈っています。

1章

東南アジアを知ろう

日本経済の成長とアジア

日本人は海洋民族だった

海に囲まれている国、日本

現在、私たちが海外に行く時は航空機を利用しています。しかし、歴史を遡《さかのぼ》ると、日本民族は大陸から海を渡《わた》り日本に到着《とうちゃく》し、定住しています。また、江戸《えど》時代には、海流に乗りアジア各地と朱印船《しゅいんせん》貿易を展開していました。タイのアユタヤに日本人町があったことは、学校の社会の授業で学んだことでしょう。

徳川《とくがわ》幕府は江戸時代にキリスト教を禁止し鎖国《さこく》しましたが、宗教の自由を求めて密航し、ミャンマーの山岳《さんがく》地域に移り住んだキリスト教を信仰《しんこう》する集団もありました。これらの移動は船によって行われました。

日本が1868年に開国し明治《めいじ》時代に入ると、西欧《せいおう》の工業化に追いつくために脱亜《だつあ》入《にゅう》欧《おう》政策をとります。日本にとってアジア諸国は、日清《にっしん》戦争、日露《にちろ》戦争、第1次世界大戦、第2次世界大戦において戦場であり、常に領土拡大の対象でした。第2次世界大戦での敗戦、その後の復興は、日本製品を欧米《おうべい》諸国に輸出することで実現され、日本は経済大国になりました。日本の戦後をふり返ると、日本の経済上のパートナーは欧米《おうべい》であることがわかります。日本の主要産業が自動車産業であり、主な輸出国がアメリカやヨーロッパであることからもあきらかです。

21世紀に入ると先進諸国での少子高齢化《こうれいか》にともない、経済成長が鈍化《どんか》するようになりました。それとは反対に、植民地から脱《だつ》したアジアの多くの国は高い経済成長を遂《と》げるようになりました。当初、先進国の多国籍企業《たこくせききぎょう》は、低賃金の労働者が豊富なこれらの国を生産市場とみなしていましたが、しだいに経済成長がめざましいことに注目し、欧米《おうべい》市場に代わる新しい市場として考えるようになりました。

日本的経営から成果主義型経営へ

日本は第2次世界大戦での敗戦により、経済活動の基盤《きばん》をほぼすべて失いました。復興の過程で、日本の企業《きぎょう》は長期雇用《こよう》、年功賃金、企業別《きぎょうべつ》組合を柱とする雇用《こよう》慣行を採用し経済発展に努めました。企業《きぎょう》は学校教育を終えた新卒学生を一括《いっかつ》して採用し、長期的経営戦略のもとに企業《きぎょう》に必要な人材として育ててきました。日本企業《きぎょう》が社員の雇用《こよう》を定年退職時まで保障する日本特有の雇用《こよう》慣行は「日本的雇用《こよう》システム」と呼ばれています。

第2次世界大戦後の高度経済成長期は必要な人材を確保することは難しかった時代であり、「日本的雇用《こよう》システム」はコストはかかりますが、戦後の高度経済成長に大きく寄与《きよ》した合理的な方法でした。しかしながら、1990年以降バブル経済が崩壊《ほうかい》し国際競争が激化《げきか》するなか、日本企業《きぎょう》の人材活用方法は「日本的雇用《こよう》システム」から、欧米《おうべい》で一般的《いっぱんてき》な「成果主義型経営」へと転換《てんかん》していきます。

成熟社会の到来《とうらい》

日本社会は戦後の驚異的《きょういてき》な復興、そして高度経済成長により、多くの人が食べることに困らず、自由で便利な生活をすることができるようになりました。欲しいものを購入《こうにゅう》できるようになり、欲求が満たされるようになると、何かを手に入れようという気持ちは、しだいに失われるようになります。そのため、企業《きぎょう》は多くの人びとが欲しがる新しい商品やサービスを開発しようと努力を続けたのですが、なかなかモノが売れなくなってきました。国民はほんとうに欲しいものしか購入《こうにゅう》しなくなったのです。その結果、日本の経済全体の成長も低下してきました。

日本の経済が「成熟期」という新しい段階を迎《むか》えると、企業《きぎょう》や個人は社会の変化に対応するようになります。企業《きぎょう》は成長の鈍化《どんか》した日本の国内市場に代わり、急成長を続けているアジアで事業展開を活発化させています。日本社会の成熟化から生じる経済の低成長を海外事業の拡大で補おうとしているのです。他方、個人のほうでも、会社という組織にしばられない多様性を尊重する生き方・働き方を選択《せんたく》する人が増えてきています。

本書は、会社から派遣《はけん》されるのではなく、自分の意思に基づいて海外で働く日本人起業家を紹介《しょうかい》しています。自国外でキャリアを構築しながら働こうとする人は英語でSelf-initiated Expatriateと呼ばれます。グローバル時代に、海外で働くことは自分の国で働くことと大きな違《ちが》いはないと考えられ、学術分野においても、特にヨーロッパでこの分野の研究は活発に行われています。

東南アジアの新興国

世界のなかで経済成長率が高い

新興国とは？

「新興国」とは、一般《いっぱん》に第2次世界大戦後、植民地であった国が独立し、近年高い経済成長を遂《と》げている国、と定義されています。また、明確な定義はなく、先進国以外の国を新興国と呼ぶこともあります。本書では、森健《もりたけし》氏の「新興国とはなにか」（『知的資産創造』２０１３年1月号）を参考にしました。

少し歴史を繙《ひもと》くと、日本企業《きぎょう》は新興国や開発途上国《とじょうこく》にそれほど高い関心はもっていませんでした。日本企業《きぎょう》は、１９８５年のプラザ合意後の円高に対応するために、日本ブランドの製品を労働賃金の低い中国および東南アジアで製造し、欧米《おうべい》先進国を中心に販売《はんばい》していました。しかし、２００７年にアメリカで起こったサブプライム・ローン問題を契《けい》機《き》に、世界金融《きんゆう》不況《ふきょう》が起こり欧米《おうべい》先進国の経済は不況《ふきょう》に陥《おちい》り、景気が停滞《ていたい》していきました。そのころから、日本だけでなく、ほかの先進国でも新しい市場として新興国に注目するようになりました。そして、世界の企業《きぎょう》経営者の多くが新興国市場に本気で目を向けるようになったのです。

世界には現在196の国がありますが、本書で「新興国」という場合には、つぎの項目《こうもく》の条件を満たす国とします。

①経済成長率が世界平均よりも高いこと。
②一人当たりのGDP水準が世界平均よりも低いこと。
③東南アジアに位置する国であること。

新興国の代表、BRICs

みなさんはBRICsという言葉を聞いたことがあると思います。一般《いっぱん》にブリックスと呼ばれ、BRICs、あるいはBRICSと表記されます。本書では、BRICsを使用します。

一般《いっぱん》に、BRICsは第2次世界大戦前には植民地であった国もあるけれど、戦後独立し高い経済成長を遂《と》げている国々を表す言葉です。ブラジル（Brazil）、ロシア（Russia）、インド（India）、中国（China）、南アフリカ（South Africa）の頭文字をとったもので、広く新興国の代表国として知られています。BRICsの国々は人口、経済規模はともに大きいという特徴《とくちょう》があります。本書では、BRICsの国々を含《ふく》めた形での新興国についての説明は行わず、日本になじみの深い東南アジアの国々を対象にします。

世界各国の分類

こうした点をふまえ、世界各国を8つに分類してみます。一人当たりのGDP水準が世界平均より高い場合は「先進国」、そのうち経済成長率が世界平均よりも高い場合は「成長先進国」、低い場合は「成熟先進国」とします。

一方、経済成長率が世界平均より低く、かつ一人当たりのGDP水準が世界水準より低い場合は「低開発国」とし、経済規模の大小によって（大規模）（小規模）を頭につけることにします。

図表1に上記分類に該当《がいとう》する国を列記します。なお、森氏の論文では2010年のデータを使用していましたが、本書ではデータの見直しを行い、2016年時点のデータを使って分類しました。図表1を見ると、アルゼンチンが（大規模）成熟先進国に入るなど、現実にそぐわないと考えられる点もありますが、太字で示したアジア諸国については現実の状況を正しく反映していると思われます。

図表1 世界各国の８分類該当国例

分類名	該当国例
(小規模)低開発国	ジャマイカ，ハイチ，中央アフリカ，ギニア，ブルガリア，南アフリカなど
(大規模)低開発国	メキシコ，ブラジル，ロシア，イランなど
(小規模)新興国	コートジボワール，ジンバブエ，**バングラデシュ**，**ミャンマー**，**マレーシア**，**フィリピン**，**ラオス**，**ベトナム**，**カンボジア**，エジプト，モロッコ，コロンビアなど
(大規模)新興国	**タイ**，**中国**，**インド**，**インドネシア**など
(小規模)成長先進国	チリ，**シンガポール**，バーレーン，イスラエル，オマーン，アラブ首長国連邦，カタール，アイルランドなど
(大規模)成長先進国	トルコ，オーストラリア，**韓国**，サウジアラビアなど
(小規模)成熟先進国	**香港**，ポルトガル，ハンガリーなど
(大規模)成熟先進国	アルゼンチン，ポーランド，アメリカ，**日本**，イギリス，フランス，ドイツ，イタリア，オランダ，スイスなど

太字はアジアの国。経済成長率は2012～2016年の平均で換算。2016年現在。
出典：The World Bank World Development Indicators より作成（http://databank.worldbank.org/data/reports.aspx?Code=SP.POP.TOTL&id=1ff4a498&report_name=Popular-Indicators&populartype=series&ispopular=y、2017年9月29日閲覧）

本書の2章では（大規模）新興国であるタイのバンコクで働く日本人起業家、および（小規模）成熟先進国である香港《ホンコン》で働く日本人起業家を紹介《しょうかい》します。3章では（小規模）新興国であるカンボジアのプノンペンで働く日本人起業家を紹介《しょうかい》します。なお、図表2からわかるように、2005年には日本の一人当たりのGDPが香港より1万ドル以上高かったのですが、2015年には香港のほうが日本より7000ドル以上高くなっています。なお、タイはその歴史を通じて列強の植民地になった経験がないことを付記しておきます。

図表2を見ると、アジアの新興国は、一人当たりの所得から生じる購買力《こうばいりょく》の差がかなり大きいことがわかります。そのなかでも、特に中国《ちゅうごく》の経済成長が著しいことはあきらかですが、アジアの新興国のなかでもラオス、ベトナム、カンボジアなどの経済成長が著しいことがわかります。

さらに、（大規模）新興国だけでなく、（小規模）新興国においても一人当たりのGDPは近年大きく上昇《じょうしょう》し、経済力が上昇《じょうしょう》しています。後述する「中間層」と呼ばれる可処分所得*の高い人びとが増加しているのです。言い方を換《か》えれば、今後、新興国は生産市場として注目されていくのではなく、消費市場としての大きな成長が見込《みこ》まれているのです。

＊可処分所得　税金、社会保険料などを差し引いた手取り収入のうち家計として自由に使えるお金。

図表2 アジアの新興国における一人当たりのGDP比較と増加率

国名	1人当たりのGDP(ドル)		増加率(%)
	2015年	2005年	
マレーシア	9,644	5,594	1.7倍
中国	8,069	1,753	4.6倍
タイ	5,815	2,894	2.0倍
インドネシア	3,336	1,261	2.6倍
フィリピン	2,878	1,195	2.4倍
ラオス	2,159	475	4.5倍
ベトナム	2,107	700	3倍
インド	1,613	707	2.3倍
ミャンマー	1,195	247	4.9倍
カンボジア	1,163	474	2.5倍
日本	34,474	37,218	0.9倍
香港	42,351	26,650	1.6倍

出典:The World Bank World Development Indicators より作成。2016年現在。日本と香港は参考。

図表3 アジアの新興国の面積・人口と増加率

国名	面積(1,000㎢)	人口(2015年)	人口(2005年)	人口増加率
中国	9,597	1,371.2	1,303.7	1.05倍
インド	3,287	1,309.1	1,144.1	1.14倍
インドネシア	1,905	258.1	226.7	1.14倍
タイ	513	68.7	65.4	1.05倍
マレーシア	330	30.1	25.7	1.17倍
ベトナム	331	91.7	82.4	1.11倍
フィリピン	300	101.7	86.3	1.18倍
ミャンマー	677	52.4	48.5	1.08倍
カンボジア	181	15.6	13.2	1.18倍
ラオス	237	6.6	5.8	1.14倍
日本	378	127.1	127.7	0.99倍
香港	1	7.3	6.8	1.07倍

人口の単位は100万人。2016年現在。日本と香港は参考。
出典:The World Bank World Development Indicators より作成。

図表4 ベース・オブ・経済ピラミッド層（BOP層）

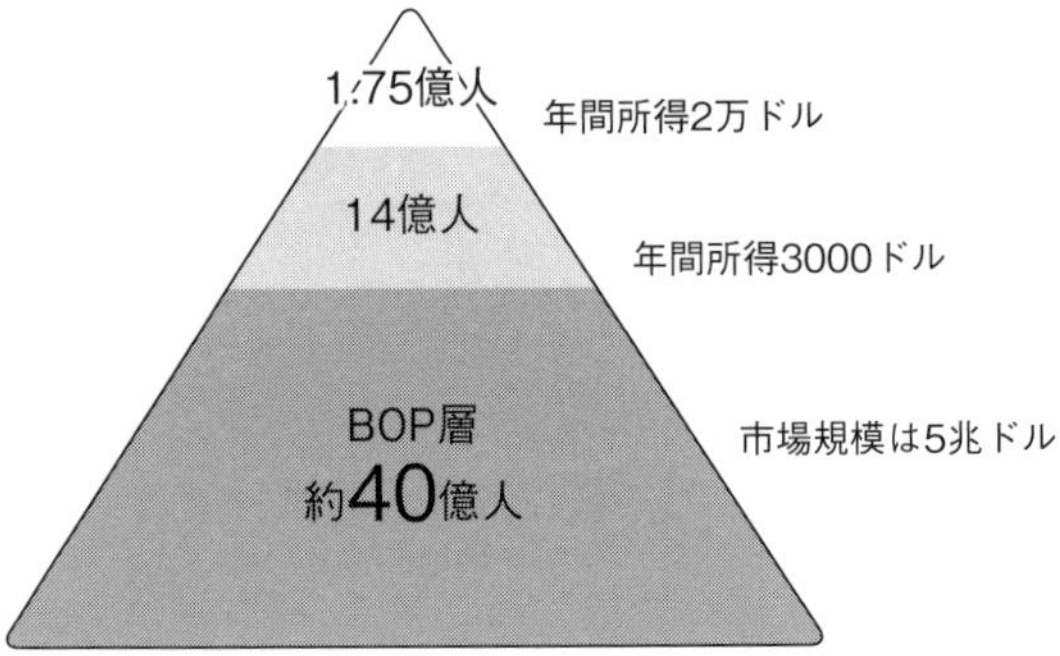

出典：「THE NEXT 4 BILLION（2007 World Resource Institute, International Finance Corporation）」より経済産業省作成。

ベース・オブ・経済ピラミッド層（BOP層）

みなさんはBOP層という言葉を知っていますか。BOP層とはBase of the Economic Pyramidの略語で、一人当たりの年間所得が2002年の＊購買《こうばい》力《りょく》平価で3000ドル以下の階層を意味しています。

BOP層に属する人口は約40億人で、世界人口の約70%が属するといわれ、その市場規模は約5兆ドルといわれています。この層は新興国が経済成長を遂《と》げた後の、つぎの新しい市場と考えられています。しかし、低い所得水準を原因とする貧困、不十分な生活基盤《きばん》・社会基盤《きばん》などを原因とする衛生面の問題などの社会的課題も多数存在しています。そうしたなかで、たとえば日本の先進企業《きぎょう》であるファーストリテイリング社（ユニクロを展開）はBOP層での市場発掘《はっくつ》のため、現在バングラデシュに店舗《てんぽ》を展

＊**購買力平価**　PPP（Purchasing Power Parity）。たとえば、カンボジアで買える商品が日本ではいくらで買えるかを計算し、日本の購買力に換算する（世界銀行、2015年データ）。

開しています。

カンボジアの経済成長

カンボジアという国を知っていますか？ 東南アジアのインドシナ半島南部に位置していて、第2次世界大戦中に日本の植民地となりましたが、その後独立国となりました。

カンボジアは1970年代後半のクメール・ルージュ政権時代と1980年代に続いた内戦時代に同国人同士が殺戮《さつりく》をくり返した暗い歴史をもっています。クメール・ルージュ政権時代には知識人を中心に多くのカンボジア人が虐殺《ぎゃくさつ》され、あるいは餓死《がし》しました。正確な数字は特定できませんが、当時の人口の20〜40％に当たる100万人から200万人の国民が死亡したといわれています。

内戦終結後、国連によりカンボジアの民主化実現のためにUNTAC（国際連合《こくさいれんごう》カンボジア暫定統治機構《ざんていとうちきこう》）が創設されました。国連が暫定的《ざんていてき》にカンボジアを統括《とうかつ》し、1993年に国連主導で民主選挙が実施《じっし》され、同年に新生カンボジア王国が誕生《たんじょう》しました。著者は1993年に国連ボランティアとして、カンボジアでの平和維持《いじ》活動に参画しています。カンボジアが独立国家となって以降、日本政府がODA（政府開発援助《えんじょ》）を通じてカンボジアの復興に多大な援助《えんじょ》を行い、その経済成長を支援《しえん》しています。

図表3（21ページ参照）からカンボジアの人口は約1560万人で、ベトナムの9170万人、ミャンマーの5240万人と比べて人口ならびに面積からみて小国であることがわかります。しかし、2010年から2015年までのGDPの成長率は平均7・0％と高成長を維持《いじ》し、一人当たりのGDPは2005年には474ドルに過ぎませんでしたが、2015年には1163ドルと過去10年間で2・5倍に増加しています。

この国では新生カンボジア王国として独立した後もドル化経済が継続《けいぞく》し、市中の買い物はドルで行われています。また、中国語を読み書きできる人びとが多いだけではなく、英語を話すことができるカンボジア人が非常に多いという特徴《とくちょう》もあります。

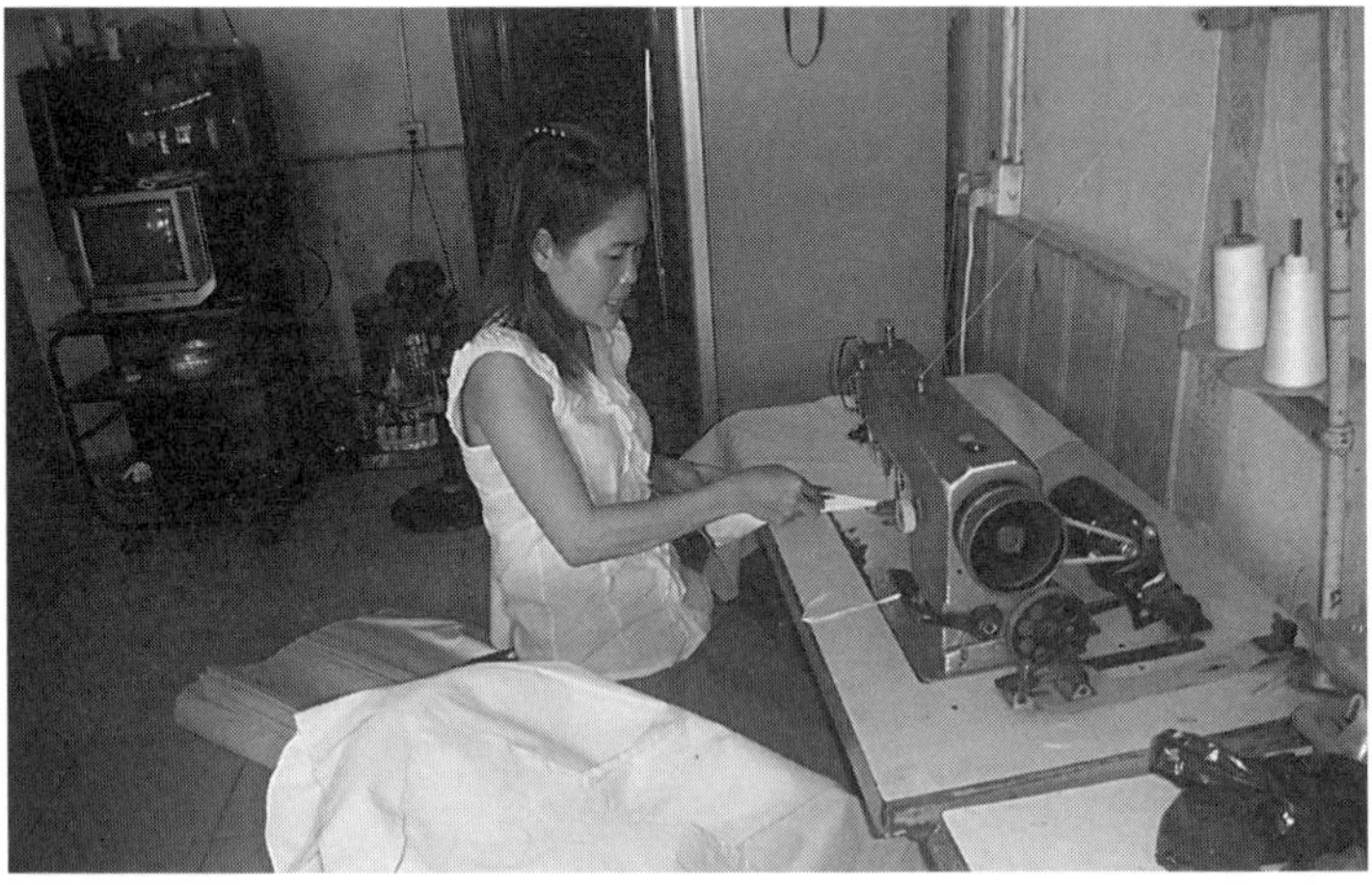

融資された資金をもとに洋裁の内職をするカンボジアの女性　磯部正広さん提供

大都市である首都のプノンペンでは、高校だけではなく大学への進学者も多くなっています。しかし、地方に目を向けると、小学校への就学率は95％であるにもかかわらず、小学校から中学校への進学率は約40％と低く、都市と農村部とでは格差が生じています。

近年、プノンペンでは可処分所得の高い中間層、富裕層《ふゆうそう》の増加にともない、個人消費が活発になっています。２０１４年にプノンペンに開業した日系のショッピングセンター「イオンモール」は人気となり、２０１８年には2号店もオープンする予定です。また、日本人向けレストランも町中に多く見られます。

新興国でのニーズ

アジアで消費が拡大する市場は？

変化する市場

ここからは、アジアを消費市場の面から考察してみましょう。

私たちが住む日本では人口減少の影響《えいきょう》で2000年以降、学習塾《じゅく》や予備校の数が減少するなどサービス産業が縮小するという現象が起きています。また、社会が成熟するなかで、私たち日本人は気に入ったモノしか購入《こうにゅう》しないようになり、消費が全体に落《お》ち込《こ》んでいます。

一方、アジアでも同じくシンガポールや香港は一人当たりのGDPの増加にともない、消費は活発ですが人口規模は小さく、消費市場の規模が拡大する環境《かんきょう》にはありません。

そうしたなか、消費が拡大しているのがアジアの新興国です。図表2（21ページ参照）からわかるように、経済規模ではマレーシア、中国が大きく、（小規模）新興国のなかではミャンマー、ベトナム、カンボジアの経済成長率が高いことが読み取れます。

言葉を換《か》えれば、新興国において経済成長にともないエンゲル係数が低下し、家計が支出する内容に変化が起きているのです。人びとは所得が増えて基礎的《きそてき》な消費需要が満たされると、選択的《せんたくてき》な消費にお金を使うようになります。たとえば、所得が少ない時には、食料などの必需品への支出の比率が大きいのですが、所得が上昇《じょうしょう》すると必需品への支出の比率が大幅《おおはば》に減少し、バイクや自動車、あるいは携帯《けいたい》電話などの通信費などへの支出を拡大させるのです。図表2にあるアジアの新興国の多くでは、成長のスパイラルに入っています。人びとの雇用《こよう》が増大し、賃金が上昇《じょうしょう》し、可処分所得が増加しています。

一般《いっぱん》に、一家の所得が10万ドル以上であれば富裕層《ふゆうそう》、4万5000ドル以上10万ドル未満を高所得層、5000ドル以上4万5000ドル未満を中間層、5000ドル未満を低所得層と分類されています。

中間層の出現

つぎにアジアで家計所得層がどのように変化しているかを図表5から見ていきましょう。

アジアの新興国で年間所得が5000ドルから3万5000ドルの中間層が出現していることがわかります。そのなかでも年間所得が5000ドルから1万5000ドル未満の

図表5 アジアの新興国における家計所得層の割合推移

家計所得層	1995年	（日本）	2000年	（日本）	2005年	（日本）	2012年	（日本）
US$1,000以上	64%	100%	78%	100%	90%	100%	97%	100%
US$5,000以上	4%	100%	3%	100%	5%	100%	58%	100%
US$15,000以上	0%	100%	0%	99%	1%	100%	13%	97%
US$35,000以上	0%	97%	0%	92%	0%	90%	3%	81%
US$55,000以上	0%	79%	0%	59%	0%	53%	2%	60%

対象国はマレーシア、中国、タイ、インドネシア、フィリピン、ベトナム、インド。ラオス、ミャンマー、カンボジアのデータは入手不能。
出典：World Consumer Lifestyles Databook　2007、2013、Euromonitor International from National Statistical Office/UN 『世界国勢図会』2007－2008年度版、2013－2014年度版より作成。なお、2013年度以降のデータは入手不能。

下位中間層の伸《の》びが顕《けん》著《ちょ》であることがわかります。参考までに日本の家計所得層の割合変化の推移も示しました。アジアの新興国の人びとと比べ、日本人の生活がいかに豊かであるかわかるでしょう。

ここから、先進国にとって労働賃金の低い生産市場と見なしていた新興国が利益を稼《かせ》ぎ出《だ》す消費市場として見《み》込《こ》まれるようになったことが読みとれます。中間層の購《こう》買《ばい》欲《よく》の高まりにより、新興国では従来の商品に比べて、高価格でも高品質でブランド力のある商品が売れるようになってきたのです。

日本企《き》業《ぎょう》のアジアへの進出

もし、みなさんが香港やバンコクを訪問したら、街中で日本のコンビニエンスストア（コンビニ）がたくさんあることに驚《おどろ》かれることでしょう。

ファミリーマートは２０１０年にアジアへの店《てん》舗《ぽ》

展開を開始し、2017年8月末現在、中国に2071店舗《てんぽ》、タイに1135店舗《てんぽ》、ベトナムに141店舗《てんぽ》出店しています。セブン-イレブンは2008年に中国の北京《ペキン》で出店を開始し、2017年8月末現在、中国に2377店舗《てんぽ》、タイに1万7店舗《てんぽ》、マレーシアに2186店舗《てんぽ》、フィリピンに2087店《てん》舗《ぽ》とその店舗網《てんぽもう》を急速に拡大しています。コンビニでは現地の言葉を使うことなく、日本で買い物するように商品をカゴに入れ、レジで支払《しはら》いをすればよいのです。

また、吉野家《よしのや》、ワタミ、モスバーガーなどの外食チェーンもアジア各国に店舗《てんぽ》を広げています。

みなさんは、アジアの新興国で生活するのは大変だ、と考えるかもしれませんが、バンコクには伊勢《いせ》丹《たん》や東急《とうきゅう》、香港にはそごうなどの百貨店（デパート）があり、プノンペンには、イオンモールがあります。

香港にあるセブン-イレブン

著者が２０１７年春にプノンペンを訪問した時には、イオンモール内のフード・コートで食事をし、ワタミの定食屋で日本食を食べたりしました。アジアの国を訪問すると、その訪問がはじめてであっても違和感《いわかん》なく滞在《たいざい》を楽しむことができます。

ホテルについても、新興国では観光客向けのホテルとは別に、たとえば（小規模）新興国のミャンマーのヤンゴン、カンボジアのプノンペンには日本人ビジネスマン向けのホテルがあり、そこでは用事をすべて日本語ですますことができます。朝食には日本でなじみぶかい和食を提供していました。

中間層にある人びとは、多少価格が高くても高品質の製品を購入《こうにゅう》したいと考えます。たとえば、2章に登場する上野《うえの》さんは、日本でふつうに行われているサービスをほかの国でもきちんとできれば成功すると考え、最初に日本人向けレストランを開業し、現在はタイ古式スパ・マッサージ店を経営しています。同じく2章で登場する栗原《くりはら》さんは、日本製の高品質の商品を販売《はんばい》する店舗《てんぽ》を日系デパート内にかまえています。このように中間層に注目した大企業《だいきぎょう》や中小企業《きぎょう》がアジアの新興国に進出してきており、今後、日本人が現地で活躍《かつやく》できる余地は非常に大きいといえます。

アジアで成長するサービス産業

日本企業《きぎょう》は従来、製造業が中心で、主な輸出先は欧米《おうべい》でした。しかし、可処分所得の増加にともない、新興国で消費が拡大するようになりました。それに呼応するように、従来は国内型産業と考えられていた流通業、小売業、外食業、教育業などのサービス産業が海外展開、特にアジアで事業展開を行うようになりました。サービス業は、サービスそのものが「見えない」という特徴《とくちょう》があります。そのため、サービスを現地の従業員に理解してもらわなければならず、サービス産業の海外展開は、日本国内で考えるほど容易ではないという課題もあります。

活躍《かつやく》する日本人

2章と3章では、東南アジアの国々で働く人たちに、その働き方、生き方をインタビューしています。2章は、タイのバンコク、香港で活躍《かつやく》する人たちが登場します。3章はカンボジアのプノンペンが舞台《ぶたい》です。

インタビューのさいには、働くうえで重要とされる職務満足度についてもうかがいました。仕事のどういった点で満足感を得ているのか、女性と男性で相違点《そういてん》はあるのか、な

図表6　東南アジアMAP

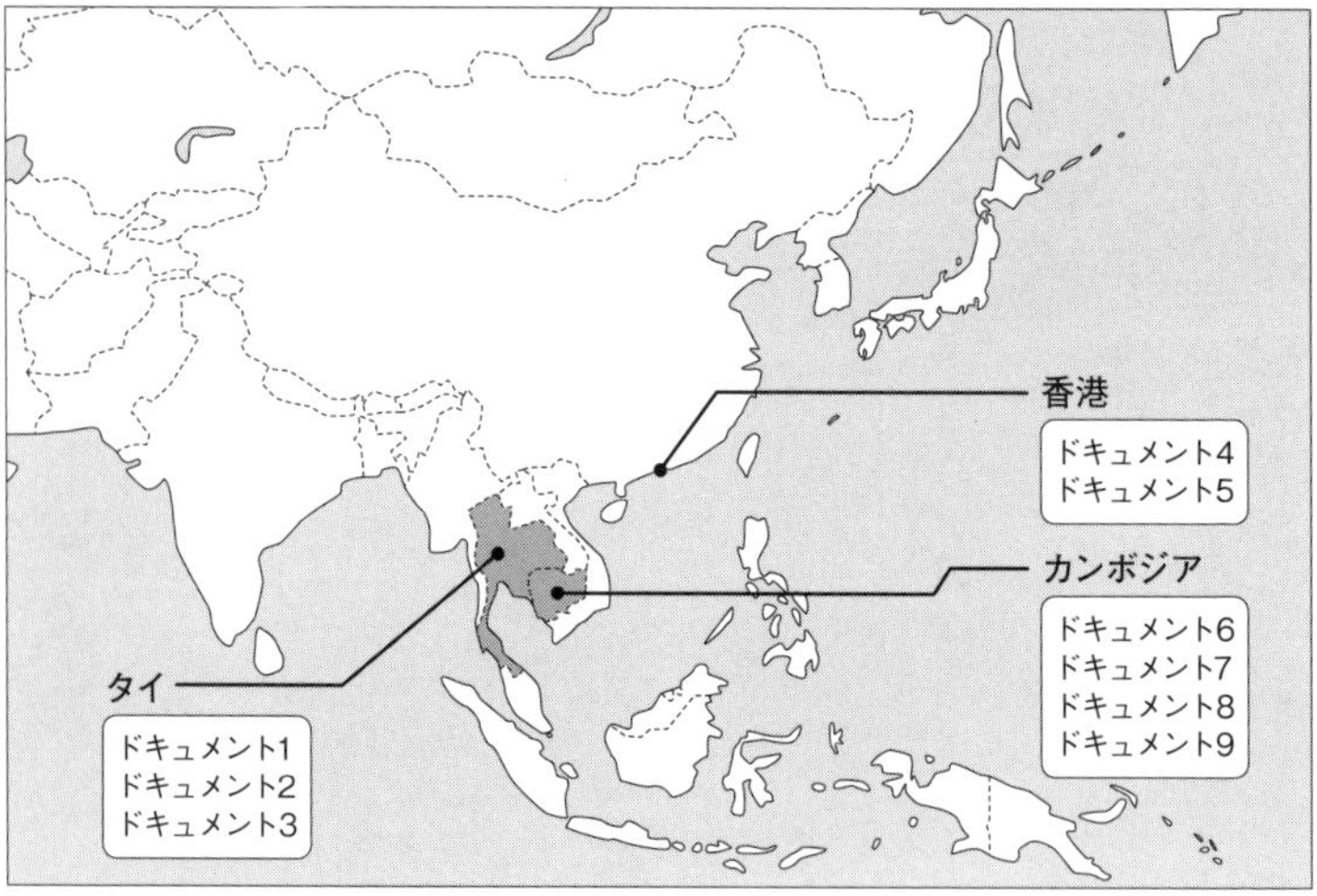

どを知るためです。さらに、キャリア・アンカー（Career Anchor）やメンター（Mentor）についても聞きました。

キャリア・アンカーとメンターについては4章で詳《しょう》説《せつ》しますが、わかりやすく言えば、キャリア・アンカーとは「座右の銘《めい》」、メンターとは「良き助言者」です。自分の生き方を表現する言葉をもっていること、アドバイスを得られる人生の先《せん》輩《ぱい》をもっていることは、人生の岐《き》路《ろ》に立ったさいに正しい決断を下す大きな助けとなります。的確に判断するためのそうした要素をもっているかどうかもたずねてみました。

2章

ドキュメント
新たな市場を発見！

ドキュメント 1 タイ　市場調査会社の経営者

ニッチマーケットに着目し コンサルタント事業を展開

ASEAN《アセアン》 JAPAN《ジャパン》 CONSULTING《コンサルティング》

阿部《あべ》俊之《としゆき》さん

取材先提供

阿部さんの歩んだ道のり

早稲田大学商学部をへて、レクサス・スクンビット社（トヨタの高級車ブランド。以下レクサス社）へ入社。29歳《さい》の時に独立し、市場調査会社を設立。東南アジアでのビジネス拡大を視野に入れ、タイを拠点《きょてん》に活躍《かつやく》中。「ニッチマーケットに注目し、日本の技術力をもとにタイでビジネスを展開しています。タイ語をさらにみがき、自分の成長をめざしています！」

タイで自分の能力を伸《の》ばす

阿部俊之さんはタイで活躍する起業家の一人だ。バンコクでタイ国内市場調査を専門とするコンサルティング会社、アセアンジャパンコンサルティング*の社長を務めている。同時にニッチ分野サービスのサポート事業も展開している。

学生時代は早稲田大学商学部で学ぶ。国際教養学部の授業を聴講《ちょうこう》したさい、東南アジア出身の多くの留学生と友人となった。就職活動では、第一志望とする企業《きぎょう》への入社こそ叶《かな》わなかったが、第二志望の企業《きぎょう》から内定を得ることができた。

就職を前に、阿部さんは大学の授業で出会った留学生の家族を訪ねながら東南アジアを旅行することにした。

「授業で出会ったのは、シンガポール、タイ、マレーシアなどさまざまな国の友人です。実は、僕《ぼく》は大学生になるまで留学経験もなければ、海外へも行ったことがありませんでした。休みを利用して、彼らの故郷へ誘《さそ》われるままに遊びに行くことにしました。ジャカルタからクアラルンプール、太平洋に沿っていくつかの都市をめぐりました」

バンコクを訪問中のことだった。レクサス社が日本人の現地社員を探していることを知り、入社試験を受けたところ、内定を得た。熟慮《じゅくりょ》するとともに、父親からの「タイで働くのもいいんじゃないか」という助言に背中を押《お》され、レクサス社の販売《はんばい》で自分の能力を伸《の》ばすことを決意する。そして、25歳《さい》でバンコクのレクサス社の現地社員として働き始めることとなる。

＊ ASEAN JAPAN CONSULTING http://thaikabu.net/

タイのバンコクにあるレクサス社

財閥《ざいばつ》と呼ばれる人たちや富裕層《ふゆうそう》との交流

阿部さんはレクサス社でマーケティングに関する知識を習得し、さらには顧客《こきゃく》が日本の一流企業《きぎょう》の社長、または重役レベルの経営者たちであったことから、国際ビジネスについて多くの理解や経験も得ることができた。特にアジアの財閥《ざいばつ》、タイ企業《きぎょう》の幹部との出会いは貴重で、そこからビジネスで成功する方法を学んだ。レクサス社で働くなかでタイ語・英語、顧客《こきゃく》に対するビジネスマナー、現地職員の人材管理法を身につけていった。

その後、28歳《さい》で退職し、自己資金で会社を設立した。現在は、5名の現地タイ人のリサーチャー（調査員）を雇用《こよう》し、コンサルティング業務を行っている。

エレベーターやペットの市場調査

現在の仕事について尋《たず》ねると、阿部さんはつぎのように紹介《しょうかい》してくれた。

「業務の一例として、タイにある大手ホテルのエレベーターの安全性についての調査があります。名前の知られている有名企業《きぎょう》が作ったエレベーターが、実際には、どういった品質であるのかという市場調査です。海外の大手企業《きぎょう》のエレベーターでも、なかにはメンテナンスをしっかり行っていない会社もあります」

日本で２００６年に発生したエレベーターの落下死亡事故以降、旅行代理店はタイへの旅行者の宿泊先《しゅくはくさき》を選択《せんたく》する時に、エレベーターの安全性を重要視するようになったそうだ。そこで阿部さんの会社は、タイの主要ホ

ホテルで必需品のエレベーターに注目した

テルにあるエレベーターの安全性を順位づけしたものを、日本の旅行代理店に報告している。現在は、11社の日系企業《きぎょう》と市場調査の契《けい》約《やく》を結んでおり、タイ国内のネットワークを駆使《くし》して顧客《こきゃく》に必要な情報を提供している。

阿部さんは市場調査の仕事をするなかで、こうしたニッチな市場の企業支援《きぎょうしえん》も行っている。他社がとりかかっても良い結果が得られなかった市場調査なども多く手がけている。

「ペットの市場調査も、そのひとつです。ペットに関する法律、ペット向け保険、動物病院、ペットフード、ペット向け遊び場などについて、各市場の規模や成長性を分析《ぶんせき》しています。市場調査の金額はリーズナブルに設定しているので、銀行や商工会議所から紹介《しょうかい》を受けることもあります。私の会社が業務代行することで、タイ語や英語が得意でない日本人の社員を本社から派遣《はけん》するより、はるかに安い金額で調査と分析《ぶんせき》ができるのです。その後、リピーターになるクライアントも多いです」

タイ人の消費傾向に合わせて調査

特に近年、タイはものづくり製造業での進出だけでなく、タイ人消費者に買ってもらう体験型、消費サービス業の進出も増えていると話す。

「日系薬局のチェーン店、日系教育サービス企業《きぎょう》、ホテルなどの進出も増えています。また、タイ以外の国と比較《ひかく》すると、タイはすでに一定の成長を遂《と》げた国であることから、今後の市場成長の判断材料として、ネガティブな面やリスクについて調べたいという企《き》業《ぎょう》も増えています」

バンコクの中心部シーローム地区の街並み　取材先提供

日本の人口減少、高齢者《こうれい》の増加、空き屋物件の増加などが理由で、アジアで不動産を開発する企業《きぎょう》も増加している。日本の大手不動産会社の海外展開を受けて、アジアでの不動産開発、住宅不動産、オフィス不動産、商業地開発といった事業を進めようとする企業《きぎょう》からの問い合わせも増えているという。

「中間層の増加と不動産価格の上昇《じょうしょう》、海外からの不動産購入《こうにゅう》が増えていることで、タイの企業《きぎょう》や日本の不動産開発企業《きぎょう》の進出も増えています」

阿部さんは、みずからが働き始めた20代当時のバンコクをふり返り、これまでは自動車業界による「アジアのデトロイト」だった街が、現在は、東南アジアの大都市バンコクとして世界から注目されている、と印象を話した。

阿部さんの会社は、このほかにも他社に例のない市場調査を手がけている。自動車教習所サービスを海外展開したい企業《きぎょう》からの自動車教習サービス市場の調査や、日本では大きな市場である二日酔《よ》い対策医薬品マーケットの市場調査などだ。

「残念ながら、二日酔《よ》い対策医薬品はバンコクならではの結果が出ました。アジアの人びとは、日本人と異なり、二日酔《よ》いになると会社を休む傾向《けいこう》が高いのです。二日酔《よ》いで無理してまで出勤はしないため、需要がとても少ないことがわかりました」

将来もタイを拠点《きょてん》に拡大したい

阿部さんは、こうした成功の裏に指導者と呼べる人物とのかかわりをもっていたのだろうか。

潜在的ニーズを探って商機をつかんだ阿部さん

「働き始めのころは、特にいませんでした。ただ、本が大好きだったのでよく読んでいました。たびたび参加していた早朝読書会があり、そこから知識を習得しました」

独立した時、師と仰《あお》ぐ人物はいなかったが、現在は手本としたい人に出会っているという。

今後の長期計画として、タイ近隣《きんりん》諸国に市場調査会社を拡大させることを検討している。

また、自分自身の能力向上のため行っていることとして、タイ語の習得をあげた。現在も学び続けていて、職場の現地スタッフとはタイ語で日常業務を行っている。さらに、タイの富裕層《ふゆうそう》について学ぶほか、読書も続け、本の執筆《しっぴつ》も行っている。

阿部さんは、日本にいたままではごくふつうの生活を送っていたと思うが、今はさまざまな機会や未成長の市場を発見できるようになったと感じている。現在、私生活ならびに仕事面での満足度は非常に高いという。

今後も日本とタイの企業《きぎょう》の成長とアセアン市場での展開にこだわり、タイを拠点《きょてん》に仕事をしていきたいと強く語った。

ドキュメント 2 タイ 古式スパ・マッサージ店の経営者

状況に柔軟に対応し、店舗を着実に発展させる

Living《リビング》 At《アット》 Ease《イーズ》

上野《うえの》圭司《けいじ》さん

上野さんの歩んだ道のり

早稲田《わせだ》大学在学中にタイのチェンマイからシンガポールまでバックパッカーとして旅をし、起業することをめざす。23歳《さい》から居酒屋で正社員として勤務。28歳《さい》の時、和洋折衷《せっちゅう》レストラン「マイポーチ」をタイで開店。その後、タイ古式スパ・マッサージ店「アット・イーズ」*やカラオケボックスを開業し、ベトナム・ハノイでも店舗《てんぽ》を展開する。現在、関連6店舗《てんぽ》を経営している。

* at ease http://atease-massage.com/

苦手だった就職活動

タイのバンコク市内に、タイ古式スパ・マッサージで大人気の「アット・イーズ」という店がある。清潔な店内や日本と同等の接客マナーがタイに住む日本人のあいだで有名になり、バンコクのほかベトナムのハノイでも店舗《てんぽ》を拡大中だ。

上野圭司さんは、リビングアットイーズを創業し、このスパ・マッサージ店をはじめ日本人向けレストランも経営している。なぜ、タイのバンコクで起業に至ったのだろうか。

上野さんが異文化に興味をいだくきっかけとなったのは、叔父《おじ》が海外出張時にお土産《みやげ》を買ってきてくれたこと、姉が年に2、3回海外旅行をし、イタリアへ語学留学したことだった。

高校卒業後、早稲田大学教育学部へ進学したが、当時は決して勉学に熱心な学生ではなかった。大学1年生の春期休暇《きゅうか》中にバックパッカーとして1カ月間、チェンマイからシンガポールまでをめぐり、その後も長期休《きゅう》暇《か》に入ると旅行をくり返した。

「日頃《ひごろ》はアルバイトをして、旅行資金を貯めていました。まわりの友人は企業《きぎょう》でバリバリ働く、と決めて就職活動をしている人が多かったのですが、自分はあまりイメージが湧《わ》きませんでした。どうも、自分が何をしたいかわからなかったので……」

それらの旅行を通し、一般的《いっぱんてき》な会社員として働くのではなく、起業したいと考えるようになった。

大学4年生の時には、レストラン開業という明確な計画を立て、飲食や外食関係の会社を起業するにはどうすればいいかということを研究していった。そして、勤続5年以上の社員は5000万円までの開業資金を借りることができるという居酒屋チェーンへの入社を決心した。

居酒屋チェーンでは接客、厨房《ちゅうぼう》、店長、地域統括《とうかつ》マネージャーといった、さまざまな経験を積み、人材管理法、店舗《てんぽ》単位での経費の計算などを習得し、28歳《さい》の時に退社した。

タイで開業するまでの道のり

上野さんが東京《とうきょう》の世田谷《せたがや》区で、レストランのための物件を探しながら開業の計画を立てていた時、父の友人であるタイ人の実業家が偶然《ぐうぜん》、上野さん宅を訪問した。この出会いが、後に上野さんの起業に大きなヒントを与《あた》えてくれる。

バンコクで開業した日本人向けレストラン「マイポーチ」

タイ人実業家は、日本の人口が減少していること、飲食市場が飽和《ほうわ》状態にあることを指《し》摘《てき》し、日本で開業するよりも、将来的に市場拡大が見込《みこ》めるバンコクで開業することを勧

テーブルや座席を広くし、ゆったりと高級感あふれる内装にした

めた。
　上野さんは「日本ではあたりまえのサービスをちゃんとできればバンコクでビジネスになる」と思い至る。
　上野さんはバンコクに移り、1年間を設け、開業準備を始めた。開業準備期間として1年間を設け、前半の6カ月はバンコクの語学学校へ通う。この期間、開業に必要な情報を得るために多くの人びとに会った。その中でビジネスについての助言も得ていった。後半の6カ月間は事業を開始するための準備期間にあてた。そして、タイ到着から1年後にレストラン「マイポーチ」をバンコク中心部に開業する。
「開業資金は、自分の貯蓄《ちょちく》、父やアドバイスをくれた父のタイ人の友人からの出資で補い、居酒屋チェーンや金融《きんゆう》機関からの借り入れはしないようにしました」

日本でレストランの開業を考えていた当時、上野さんは３人の料理人に声をかけていた。しかし、レストランの開業場所が東京ではなくバンコクに変更《へんこう》になったことから、２人は辞退。残りの１人がバンコクで働くことに同意してくれた。

その料理人が、日本食より洋食のほうを得意としていたことから、レストランで提供する料理を和食専門から和洋折衷《せっちゅう》スタイルに変更《へんこう》した。また、バンコクのなかでも、日本人が多く住む地区に店舗《てんぽ》を構え、日本人の主婦たちが気軽にランチに立ち寄れるような雰囲気の店にした。

黒字経営がつぎの事業につながる

海外赴任《ふにん》者の妻たちは海外生活でのストレスが多い。このレストランは、バンコクに住

日本人が気軽に利用できるスパ・マッサージ店「アット・イーズ」　取材先提供

料金受取人払郵便

本郷局承認

1774

差出有効期間
平成31年5月
31日まで

郵便はがき

113-8790

408

(受取人)
東京都文京区本郷1・28・36

株式会社 ぺりかん社

一般書編集部行

購入申込書	※当社刊行物のご注文にご利用ください。
書名	定価[　　　円+税] 部数[　　　部]
書名	定価[　　　円+税] 部数[　　　部]
書名	定価[　　　円+税] 部数[　　　部]

●購入方法をお選び下さい (□にチェック)	□直接購入 (代金引き換えとなります。送料+代引手数料で600円+税が別途かかります) □書店経由 (本状を書店にお渡し下さるか、下欄に書店ご指定の上、ご投函下さい)	番線印 (書店使用欄)
書店名		
書 店 所在地		

書店様へ:本状でお申込みがございましたら、番線印を押印の上ご投函下さい。

※ご購読ありがとうございました。今後の企画・編集の参考にさせていただきますので、ご意見・ご感想をお聞かせください。

アンケートはwebページでも受け付けています。

URL http://www.perikansha.co.jp/qa.html

書名	No.

●この本を何でお知りになりましたか?

□書店で見て　□図書館で見て　□先生に勧められて
□DMで　□インターネットで
□その他［　　　　　　　　　　］

●この本へのご感想をお聞かせください

・内容のわかりやすさは?　□難しい　□ちょうどよい　□やさしい
・文章・漢字の量は?　□多い　□普通　□少ない
・文字の大きさは?　□大きい　□ちょうどよい　□小さい
・カバーデザインやページレイアウトは?　□好き　□普通　□嫌い
・この本でよかった項目［　　　　　　　　　　］
・この本で悪かった項目［　　　　　　　　　　］

●興味のある分野を教えてください（あてはまる項目に○。複数回答可）。
また、シリーズに入れてほしい職業は?

医療　福祉　教育　子ども　動植物　機械・電気・化学　乗り物　宇宙　建築　環境
食　旅行　Web・ゲーム・アニメ　美容　スポーツ　ファッション・アート　マスコミ
音楽　ビジネス・経営　語学　公務員　政治・法律　その他
シリーズに入れてほしい職業［　　　　　　　　　　］

●進路を考えるときに知りたいことはどんなことですか?

［　　　　　　　　　　］

●今後、どのようなテーマ・内容の本が読みたいですか?

［　　　　　　　　　　］

お名前	ふりがな ［　歳］ ［男・女］	ご職業・学校名	
ご住所	〒［　　－　　］　TEL.［　　－　　－　　］		
お買上書店名	市・区 町・村　　　書店		

ご協力ありがとうございました。詳しくお書きいただいた方には抽選で粗品を進呈いたします。

カラオケ店も人気だ

む日本人の憩《いこ》いの場として人気を博するようになった。売り上げは、最初の3カ月間は赤字であったが、4カ月目からは黒字を計上するようになった。

「お客さまに恵《めぐ》まれて、経営は順調でした。苦労したのは、スタッフの確保です。開業前にタイ人スタッフを募集《ぼしゅう》しましたが、なかなか長く勤めてくれません。なんとか人数を集めて続けていました」

2年目、同じ地区にあったタイ古式マッサージ店が倒産《とうさん》し、店舗《てんぽ》の持ち主が上野さんにその店の開業をもちかけた。上野さんはタイ古式マッサージ店「アット・イーズ」を開店する。

マッサージ店はバンコクで暮《く》らす日本人をターゲットに、高品質で清潔、かつ高い技術を提供し、受付は日本語とタイ語で対応できるようにした。現地でのマッサージ店の平均的な価格より10%から20%高かったが、地元の日本人から高い評価を受け、人気店となった。

3年目、レストランのとなりに日本人向けのカラオケ店を開業することを決め、再び成功を収めた。

4年目には、「アット・イーズ」のとなりに「アット・イーズ2号店」を開業した。翌5年目にはスイーツ販売《はんばい》にビジネスを拡大したものの失敗し、その年にスイーツ店は閉店した。

6年目は、ビジネスの拡張はせず、タイと近郊《きんこう》諸国の視察を重ね、さらなる機会を得る期間とした。

7年目には、上野さんはベトナムに進出し、「アット・イーズ」ハノイ店を開店する。

「日本であたりまえにされているサービスをスタッフにも心がけてほしい」と上野さん

上野さんは、その後も順調に店舗《てんぽ》拡大を続けている。事業経営では過度な借り入れはするべきでないと考えている。その理由は、海外で事業を行ううえで臨機応変に対応できるようにしたいからだ。

また、展開しているビジネスのなかで利益が低いと判断したものについては、そこからの撤退《てったい》を決めている。パフォーマンスの高い、新しいビジネスをスタートすることで利益が創出されるとも考えている。

毎年ビジネスを拡張しているが、これまでの経験を活かし、新しいビジネスでは、以前に手がけたものより効率的に運営することができるようになっていると話す。

「いろいろな人たちのおかげで、今の仕事ができています。私個人としては、もっと上《じょう》手《ず》にタイム・マネジメントをして、プライベートも仕事もバランスをとって充実《じゅうじつ》させていきたいと思っています」

続いて、今後の目標についても語ってくれた。

「勢いがあり、これから伸《の》びてくると感じる国はフィリピンとインドネシアの２カ国です。今度、視察に行く予定ですが、それらも含《ふく》めてアセアンのなかで商売を拡大したいと考えています。日本でもビジネスを立ち上げたいという夢《ゆめ》をもっていて、長期的には日本とアセアン諸国との架《か》け橋《はし》になりたいと考えています」

ドキュメント 3 タイ 日本製健康グッズ販売会社の経営者

日本のすぐれた商品をタイの人びとに届けたい

kenkoplus《ケンコウプラス》

栗《くり》原《はら》宏《ひろ》実《み》さん

栗原さんの歩んだ道のり

短期大学を卒業後、旅行会社に勤務し、一般《いっぱん》事務の職に就く。しかしその後、退職し、短期アルバイトなど転職をくり返す。30歳《さい》を過ぎた時、知人からタイで日本の枕《まくら》を販売《はんばい》する仕事を紹介《しょうかい》され、はじめて海外へ行く。35歳《さい》で日本の健康グッズを取《と》り扱《あつか》う会社を設立。現在はタイでの日本製品の販売《はんばい》を支援《しえん》するJAPANPLUSの社長を兼任する。

不安定だった20代

栗原宏実さんは、健康グッズを取《と》り扱《あつか》う会社「ケンコウプラス」*と、タイでの小売業を支援《しえん》する、JAPANPLUSの社長を務めている。

日本の短期大学卒業後、旅行会社の一般《いっぱん》事務で3年間勤務した栗原さん。当時は将来についての見通しはなく、23歳《さい》で旅行会社を退職した後、飲酒習慣が原因で10年間派遣《はけん》やパートなどの仕事を転々とした。そのような生活のなかで、ナポレオン・ヒル『成功哲学《てつがく》』(田中孝顕訳、きこ書房《しょぼう》)という本に出合い、35歳《さい》までに社長になるという夢《ゆめ》をいだくようになった。

「精神安定剤《あんていざい》代わりに、その本を何度も何度も読んで、自分の目標を紙に書いて部屋《へや》に貼《は》ったりしていました。その時点では、将来への展望は漠然《ばくぜん》としていて、何も見えていませんでした」

30歳《さい》を過ぎたころ、タイで仕事をしている知人から、日本の枕《まくら》をタイのデパートで展示販売《はんばい》しないかと依頼《いらい》があった。枕《まくら》は日本と同水準の価格だったが、栗原さんはバンコクのデパートで売り切ることができた。この経験が彼女のターニングポイントとなる。

「タイへは半分は観光気分で行きました。好きな時に売って好きな時に休憩《きゅうけい》できる経験ははじめてでした。来てみてわかったのですが、タイの空気や人柄《ひとがら》が不思議と自分に合っているんです。誰《だれ》にもしばられずに自分で考え、試行錯誤《さくご》して仕事を終えることができました」

それ以降、10カ月のあいだにタイを4回訪

＊ kenkoplus http://www.kenkoshop.co.th/

問し、バンコクのデパートで日本商品の即時《そくじ》販売《はんばい》をくり返した。

その後、枕《まくら》の販売《はんばい》会社がバンコクから撤退《てったい》したことで、栗原さんはみずから会社を設立し、バンコクでの寝具《しんぐ》販売《はんばい》を引き継《つ》ぐことを決意する。35歳での起業だった。

仕事も仲間もつながるネットワーク

タイで会社を設立した後、日本人とは距離《きょり》をおいて生活していた。

「タイへ来た最初のころは内にこもり、日本人と顔を合わせるのが苦手でした。時間さえあれば、とにかく本を読んでいました。そのうち、このままでは自分はダメになる気がすると感じ、何かしなくては、という焦《あせ》りが出てきました」

栗原さんは、あるセミナーに出席したこと

デパート内にある、栗原さんの扱う商品を置く売り場

取材先提供

「日本で評判のよい商品はタイでも需要が高い」と栗原さん　取材先提供

がきっかけとなり、早朝に行われる勉強会に参加するようになる。この勉強会は、バンコクで起業している若手の日本人が中心となり、いっしょに本を読む集まりだった。

早朝勉強会で知り合った日本人から縁がひろがり、タイに進出支援《しえん》する日本人コンサルタントとつながりができた。現在は、さまざまな日本企《き》業《ぎょう》からの委託《いたく》で仕事を請《う》け負《お》い、14名のタイ人従業員を雇用《こよう》し、デパートなど5店舗《てんぽ》で商品を販売《はんばい》している。

「そのころは、仕事のせいで人間関係に亀裂《きれつ》が入ったら怖《こわ》い、と考えていました。でも今は、好きな仲間といっしょに仕事をやっていきたいと感じています。仕事は体の一部になっています」

ビジネスにおいて重要な決断を行う時には、必ずメンターと仰《あお》ぐ人に相談している。その人の支援《しえん》なくしては今の自分はいないと話した。

ビジネスを拡張するうえで、資金が大きな役割を果たすとも続ける。

「収入は多ければ多いほどよいと思っています。なぜなら、つぎのことにチャレンジできるからです。チャレンジできれば、同じ価値観を共有できる仲間とつながっていくことができます。資金があればビジネスをさらに拡大させることができ、新たなビジネスチャンスをつかむことができるのです」

栗原さんは長期的には、タイ人の従業員が自立して会社を運営できるようになってほしいと考えている。

「習慣は生活を変える」

タイに来てから自分の生活スタイルを大きく変えた結果、生活の質が向上したという。現在は朝3～4時に起床《きしょう》し、その日の午前中にもっとも重要な業務を行う。午後は読書やジムなど、自身への投資の時間とし、午後8時には就寝《しゅうしん》する。

バンコク伊勢丹も取り引き先のひとつ　取材先提供

「日本で過ごした20代から30代前半の苦悩《くのう》した日々は、とても有益でした。あの日々をふり返ると〝ふつうの生活のありがたさ〟を強く感じます。自分を見つめる時間があること、話しあえる友人がいること、今の生活との比《ひ》較《かく》材料をもっていることが、自分の強みだと考えています」

Column

タイで人材紹介《しょうかい》会社の最大手として成長　小田原《おだはら》　靖《やすし》さん

小田原靖さんは現在、バンコク在住の日本人のなかで、もっとも成功を収めている人物のうちの一人だ。

社長を務める人材紹介《しょうかい》会社＊Personnel《パーソナル》 Consultant《コンサルタント》 Manpower《マンパワー》（Thailand）はバンコクで最大手であり、海外で起業する日本人への協力組織であるWAOJE(元タイ王国和僑会《わきょうかい》)の立ち上げに尽力《じんりょく》した。

高校2年の時にボーイスカウトから選抜《せんばつ》され、アメリカで開催《かいさい》されたキャンプに2週間参加した。その経験から、アメリカで学ぶことを決心し、卒業後はオレゴン州の大学で経営管理学を専攻《せんこう》する。

アメリカで大学生活を送るなかで、アメリカのビジネスマンは颯爽《さっそう》としていて、かっこいいと感じていたが、電車の中でスーツを着て漫画《まんが》を読んでいる日本のビジネスマンはかっこいいと感じられず、ああなりたいと思えなかった。そこで、卒業後、日本とアメリカ以外の国で働きたいとマレーシアのクアラルンプールで求職活動を行う。しかし、適職が見つからず、タイのバンコクに移り1週間滞在《たいざい》したさい、不動産仲介業《ちゅうかいぎょう》の職を得ることができた。

働き始めてからは、不動産仲介業《ちゅうかいぎょう》での起業を考え、6カ月後には日本人の投資家から開業資金を得て、友人とともにバンコクで不動産会社を設立する。

この会社はバンコクに駐在する日本人や企業《きぎょう》に不動産、行政手続きなど多岐《たき》にわたるニーズを1カ所で提供する会社として出発した。起業開始当時は、多くの日本企業《きぎょう》がタイに直接投資を始めた時期と重なり、必要なのは人材紹介業《しょうかいぎょう》だと確信し、人材紹介《しょうかい》会社への転換《てんかん》を図った。

しかしながら、日本人の投資家から業種変更《へんこう》の承認を得られなかったため、日本人の投資家との関係を断ち、日本人2名、タイ人2名で、ほかの投資家から資金の借り入れを行い、約700万円の開業資金で人材紹介《しょうかい》会社を設立した。

現在、会社は70名のタイ人従業員と15名の日本人

＊ Personnel Consultant Manpower（Thailand） https://www.personnelconsultant.co.th/

従業員を雇用《こよう》するタイで最大手の人材紹介《しょうかい》会社に成長し、無借金経営で毎年黒字を計上している。さらに、バンコクに留まらずミャンマーへもビジネスを拡大している。

社会への貢献《こうけん》としては、WAOJEの活動に加え、ロータリークラブの活動をあげた。毎年2000台の放置自転車を日本から輸入し、タイの地方の小学校に寄付する活動を約10年間、続けている。すでに会長職も経験している。2人の子どもには、日本人としての価値観をもって欲しいと考え、寄宿舎のある日本の学校に通わせている。

小田原さんは、従業員のために価値を創造し続けなければ、従業員を満足させ続けることはできないと考えている。事業を進めていくさい、何か障害があった時などは信頼《しんらい》できる人にアドバイスを求めており、会社創設時から現在まで、相談できる人は複数人いるという。周囲の人たちを幸せにすることに関心をいだき、もし自分がまわりの人を幸せにすることができれば自分も幸せになれると信じている。

取材先提供

ドキュメント 4 香港 照明デザイン会社の経営者

利益を計上するマーケットをそのまま活かして起業

Lighting《ライティング》 Workshop《ワークショップ》 Company《カンパニー》（光工場公司《ひかりこうじょうこんす》）

植村純二《うえむらじゅんじ》さん

植村さんの歩んだ道のり

東京造形《とうきょうぞうけい》大学デザイン学科室内建築専《せん》攻《こう》領域を卒業後、照明や家具を製造・販売《はんばい》している企業《きぎょう》、ヤマギワに入社し、特注照明器具業務を担当する。1986年にヤマギワ香港《ホンコン》に転勤するが、本社の香港支社撤退《てったい》にともなって1990年に退職。同年、香港で会社を設立し、ホテル、商業施設《しせつ》などの照明全般《ぜんぱん》のコンサルティングを行う。

日本で就職し、香港事務所に転勤

植村純二さんは現在、香港に会社をかまえ、ホテルや商業施設《しせつ》などの照明デザイン設計を行っている。いまや香港以外からも注文を受け、照明コンサルティングを担う多忙な毎日だが、事業展開は当初から順風満帆《じゅんぷうまんぱん》なものではなかった。

植村さんは東京造形大学デザイン学科でインテリアデザインを学び、卒業後はヤマギワに就職し、ホテルや公共ビルなどで使用する特注照明器具の担当部門に配属された。

29歳《さい》の時、香港事務所に転勤し、デザイン設計や海外生産調査業務に4年間就いた。しかし、その後、本社が香港のマーケットから撤退《てったい》することを決定する。香港のマーケットでは利益を計上していたが、日本に戻《もど》っても自分の席はないと考え、植村さんは退職を決意する。34歳《さい》の時のことだ。

「香港では、照明設計の仕事が自由に自己裁量でできました。しかし、日本に今帰国しても、希望の仕事はできないと感じたのです」

そして、元同僚《どうりょう》とともにこれまでの顧客《こきゃく》を引きつぎ、ヤマギワの代理店を設立し、個人でも別会社としてLighting Workshop Company（光工場公司、以下LWC）を設立した。*

現在、LWCでは従業員を2名雇用《こよう》し、照明の配置設計、照明器具の仕様、回路設計や調光シーンの設計を行い、現場での最終調整なども行っている。使用する照明器具は、小さなレストランでも装飾《そうしょく》照明を除いて10種類ほどとなり、大きな店舗では50種類以上になることもある。特注装飾《そうしょく》照明器具はイン

＊Lighting Workshop Company（光工場公司） http://lwc.com.hk/company.php

テリアデザイナーがデザインすることが多いが、その製作図面を描き、スペックを作り、工場での品質管理を行うなどの作業はLWCが担っている。

香港と日本の文化の違《ちが》い

植村さんの仕事は、インテリアデザイナーやクライアントの望む光環境《かんきょう》をつくり出すことだ。それを行うためには、求められる光のイメージを理解することと、それを叶《かな》える照明器具の特性を理解しておくことが必要となる。仕事の大部分は日本の会社で培《つちか》ったものだという。

「特に品質の保証と安全性、現場での手順、問題への対処法などはヤマギワから多くのことを学びました」

植村さんは、香港やアジアで仕事をするなかで、文化や商習慣が日本と大きく異なることに驚《おどろ》かされた。たとえば工事現場で、大型特注照明器具の取りつけなどにおいて、電気

植村さんの手がけたノボテル香港ホテルのロビー照明　取材先提供

美容クリニック「Neo Derm」の照明
取材先提供

工事会社の失敗により多額の損失が生じた時、日本ではその責任は電気工事会社そのものが負い、会社が対応する。しかしアジアでは、時として担当者の個人責任として処理されるため、関係者が辞職する、隠蔽《いんぺい》されるなどが起き、改善につながらないことがある。逆の場合も起こるという。

「日常茶飯事に遭遇《そうぐう》することなので、もう慣れました。日本では現場でなかなか言いだせないことも、香港では単刀直入におおやけにします。スケジュールが遅《おく》れるということもよくあります。たとえばホテルでも営業開始日に一部のみオープンし、全体がオープンするのは1カ月後、3カ月後ということは、よく起こります」

一方、植村さんは中国語は得意ではないが、仕事は図面を用いて行うことが多いため、語学についての壁《かべ》は、今の自分の業務に大きな影響《えいきょう》はないと話す。

現在、業務を行う比重としては3分の1は日系のデザイン設計事務所で、残り3分の2は、香港の設計事務所だという。仕事を行う場所は、香港やマカオがメーンだが、中国本土やシンガポールからの依頼《いらい》で、ホテル、ショッピングモールなどの照明コンサルティングも行っている。

私生活で交流している人たちとして、趣味《しゅみ》のダイビング仲間や仕事を通しての知人、香港で子どもが通う学校の父親の会のメンバーをあげた。

業務の幹はしっかりとしているか

植村さんは、香港で知り合った日本人と結《けっ》婚《こん》し子ども2人をもうけ、子どもたちを日本

コーヒーショップ「スターバックス」　取材先提供

人学校に通わせている。週末にはダイビングを楽しみ、1年に一度は、家族で日本へ帰国する、南の国へ旅行する、などワークライフバランスの取れた生活に満足している。

所得については、最低限の報酬《ほうしゅう》は必要であり、業務を行ううえでそれは将来性があるのか、その業務の幹がどのくらい太いのかを見極めなければならないと考えている。

「目の前に仕事のチャンスは限りなく現れます。しかし、そのすべてが将来の営利につながるかどうかの保証はない。自分で見極めることが必要です。その業務の根幹はしっかりとしたものであるかを確認する必要があります。そのためにも、若い時にさまざまな苦労をして、それを糧《かて》として、経験を重ねることが大切です」

また、ヤマギワで勤務していた当時の先輩《せんぱい》や部門長が、会社員の基本を教えてくれたという。趣味《しゅみ》のダイビング仲間に、経営者やさまざまな職種の人がいることから、その人たちからも助言を受けていると話す。

植村さんは、今後も香港を離《はな》れることなく、2番目の子どもが大学を卒業する80歳《さい》くらいまでは働き続けたいという強い意思を表した。

ドキュメント 5 香港 医療サービス会社の経営者

香港でも日本同様の健康チェックを実施

Mediport《メディポート》 International《インターナショナル》
堀《ほり》 眞《まこと》さん

堀さんの歩んだ道のり

大学を卒業後、大学附属病院に就職して血液検査業務を行っていたが退職。青年海外協力隊に応募《おうぼ》し、南太平洋ソロモン諸島国へ赴任《ふにん》する。帰国後、28歳《さい》で千葉《ちば》県にある健康診断《しんだん》受託《じゅたく》企業《きぎょう》に転職し、香港現地法人の責任者となる。39歳《さい》で独立し、香港で総合健康診断《しんだん》サービスを行う会社を設立する。現在、代表を務める。

血液の検体・検査を担う

堀眞さんは大学卒業後、24歳《さい》で大学附属病院の中央検査室に就職する。そこでの血液検査の仕事には大きな不満はなかったが、組織の中にできあがった年功序列的体質や、その中での自身の将来が見えてしまうことに息が詰《つ》まり、退職を決断する。

そして、青年海外協力隊に応募《おうぼ》し一次審査《しんさ》、二次審査《しんさ》を経て、経験不足を指摘《してき》されながらも、26歳《さい》の時に南太平洋ソロモン諸島国保健医療《いりょう》省マラリア局へ赴任《ふにん》する。

ソロモン諸島の病院での業務は、マラリアの検査や新しい治療《ちりょう》薬の臨床《りんしょう》試験、スタッフの教育が中心だった。さらにマラリアの住民検診にも参加した。日本の大学病院とはまったく違《ちが》う世界に身を浸《ひた》すうちに、開発途上《とじょう》国での生活が自分に合っていると実感する。

28歳《さい》で帰国し、海外との接点がある仕事を探したものの希望が叶《かな》わず、同年に千葉県の健康診断《しんだん》受託《じゅたく》企業《きぎょう》に就職する。しばらくは海外とは縁のない仕事になるだろうと思って入社したが、間もなく香港で健診施設《しせつ》を開設するプロジェクトがあることを知らされる。30歳《さい》の時には、設立された香港の検査施設《しせつ》の責任者として赴任《ふにん》することとなった。

しかし、香港での仕事は現地での決裁権がなく、日々報告のみの業務に留まった。仕事量が増加する一方で人員も補充《ほじゅう》されなかった。

堀さんはサービスの質の保持を本部に要望するが、現場からの要望は聞き入れられなかった。39歳《さい》の時に退職する道を選択《せんたく》する。

青年海外協力隊ではソロモン諸島へ赴任した　取材先提供

総合健康診断《しんだん》サービスを起業

堀さんは退職後、考えを共有できる日本人看護師とMediport International ltd.* を設立する。

「最初の3カ月は保険ブローカー（仲介人《ちゅうかいにん》）のオフィスの中でデスクを借りての仕事でした。事業の立ち上げの時は本当に苦労しました」

設立から4年は細々と経営するのみであったが、2003年のSARS《サーズ》（重症《じゅうしょう》急性呼吸器症候《しょうこう》群）発生後、顧客《こきゃく》が一気に増加した。

現在は香港の医療《いりょう》機関と提携《ていけい》しながら、5名の従業員を雇用《こよう》している。顧客《こきゃく》は主に現地で働く日系企業《きぎょう》の社員とその家族だ。成人総合健康診断《しんだん》、小児健康診断《しんだん》を中心に医《い》療《りょう》サービス事業を拡大させている。

＊ Mediport International Ltd.　http://www.mediport.com.hk/jp/index.html

いっしょに会社を設立した日本人看護師は2007年にがんで亡くなった。

「会社名はMedical（医療《いりょう》）とSupport（支《し》援《えん》）をつなげてメディポートとしました。香港の医師グループと提携《ていけい》し、質の高いサービスを提供しつつ、医学、医療《いりょう》、健康などの分野において、いかに顧客《こきゃく》のみなさんに対してサポートができるかを常に考えています」

重視するのは収入より仕事の満足度

堀さんは、日本での勤務経験は役に立っていないと言う。

「日本で働いた会社は反面教師と考えています。独立後に多くの人から支援《しえん》を得られたことが大きな糧《かて》となり、現在の自分がいると考えています。独立前の赴任《ふにん》時代の所得水準、生活水準を超《こ》えた時に、起業の成功を実感し

委託医療機関メトロメディカルセンターにて

ました」

日本で勤務した時の満足度は、５段階評価で表すなら２～３だったが、現在は４～５だという。

所得に関しては、収入は高いほうがいいが、「職業は収入の高低で決めるべきではなく、自身が置かれた環境《かんきょう》や業務の内容に満足できることが重要です」と話した。

また、メンタルケアにかかわる「精神対話士」や健康教育の基礎《きそ》を補うための「健康管理士一般《いっぱん》指導員」の資格を取得した。資格取得にあたり、毎月帰国するなどもした。

現在、堀さんのネットワークは、幅《はば》広い業種にわたる顧客《こきゃく》や周囲にいるさまざまな経験を積んだ人びとなど、日本にいた時には決してつながることがない人びとが中心となっている。

メディカルセンターはセントラル駅のすぐそばにある

今後気がかりな事柄としては、仕事では突《とっ》発的《ぱってき》な問題を対処するための資金の備えであり、私生活では日本で生活する家族と親であるという。将来は、日本、香港、ソロモン諸島国のどこかで自給自足に近い生活を送る夢《ゆめ》をもっている。

3章

ドキュメント

社会の経済発展を支援！

ドキュメント 6 カンボジア　デザイン会社の経営者

自分の人生を自分で つくっていきたい

OS!《オス》

奥田《おくだ》知宏《ともひろ》さん

奥田さんの歩んだ道のり

早稲田大学理工学部建築学科に在学中に電通《でんつう》にて半年間インターンシップを経験し、２００３年卒業。早稲田大学大学院へ進学し、在学中2カ月間、北京《ペキン》の設計事務所にてインターンシップを経験。また、20階建てＳＯＨＯビルの設計の手伝《てつだ》いを経験する。２００５年、早稲田大学大学院理工学研究科建築学修士号取得。リンクアンドモチベーションでデザイン制作や映像制作を担当。

デザインという仕事の魅力《みりょく》

奥田知宏さんは大学院卒業後、組織人事などのコンサルティングをメーン事業とするリンクアンドモチベーションに就職し、２００５～11年の7年間勤務した。前半の3年間は、働く人のモチベーションが上がるようなオフィスデザインの制作業務を担当し、後半はグラフィック、ウェブ、映像制作を担当した。この会社で組織風土の構築や人事制度の開発、モチベーションを上げるための採用方法、オフィスづくりのスキルなどを習得する。

「たとえば、白っぽい壁《かべ》の、広い四角い大部《おおべ》屋《や》の中で働くスタイル。それは、ほんとうにその組織にふさわしいかたちなのだろうか、などオフィスの最適化に注目しました」

２０１１年に、日本でデザイン事業のOS!*を個人事業主として立ち上げる。わずかしかなかった開業資金は業務で使用するプリンター代などに当てた。

OS!の設立後、三井物産《みついぶっさん》の研修室の改築、日本ハムファイターズの事務所のグラフィックデザイン、グリー株式会社の採用映像の制作などを担当した。これらの経験から、個人でも大手企業《きぎょう》と対等に仕事ができるという手応えと高い報酬《ほうしゅう》が得られるという自信を得た。

一方、海外進出への夢《ゆめ》を捨てきれず、２０１２年には夫婦で２００万円の資金をもとに世界33カ国60都市を1年かけて旅行した。仕事は紙やウェブ媒体《ばいたい》の業務に集中して制限し、妻の夢《ゆめ》だったパン屋さん開店への視察も兼ねていた。そのさいに訪れたカンボジアにとてもよい印象をもった。

＊OS！ http://www.os-fcp.com/

プノンペンの市場。人びとは気さくで、活気がある

２０１３年に、起業する国をマレーシアとカンボジアで最終的に検討した。マレーシアは社会が成熟し、起業にはまとまった資本が必要なことから、起業するための敷居《しきい》が低いカンボジアに拠点《きょてん》を移すことにした。

カンボジアには親日家が多く、カンボジア人は人に優しい。加えて、カンボジアの日系企業《きぎょう》からすでに仕事の依頼《いらい》が来ていたことが、決定要因となった。しかしいちばん魅力《みりょく》に感じたのはスモールビジネスが可能で、外資規制が少なく自由にビジネスを展開できる点だった。

一般的《いっぱんてき》に大企業《だいきぎょう》は人口が５０００万人以上の国に投資を行っている。一方、カンボジアの人口は１５６０万人であり、大企業《きぎょう》が直接投資するには魅力《みりょく》が少ない。大企業《きぎょう》と競争しなくてもよいという観点から、中小企業《きぎょう》にとっては魅《み》力《りょく》的であり、ビジネスチャンスが大きな国なのだ。

プノンペンでの創業

奥田さんは、２０１３年にカンボジアの首都プノンペンでＯＳ!を設立する。ＯＳ!はカンボジア、日本、その他の国の企業《きぎょう》にデザインを提供している。事業は、①企業《きぎょう》へのグラフィックデザイン製作、②企業《きぎょう》の採用ページやホームページなどのウェブデザイン制作、③店舗《てんぽ》の内装《ないそう》デザインおよび施工《せこう》請け負《お》い、④写真や映像の制作から構成されている。

プノンペンでの開業資金は、登記費用など約３００万円で自己資金から捻出《ねんしゅつ》した。起業については周囲には相談しなかった。顧客《こきゃく》に、カンボジアでの創業を報告したさいに後押《あとお》ししてもらえたことがはげみとなったという。

奥田さんは現在の生活、職務満足度は、ともに５点満点中４で、総合満足度も４と話す。仕事上もっともかかわりが多いのは、クライアント（日本、カンボジア、タイの企業《きぎょう》）やスタッフ（カンボジア人２名と日本人のイ

OS!
FOR CREATIVE PUSH.

会社名には「お客さまのビジョンを後押しする」という気持ちをこめた　取材先提供

内装のデザインを行ったカフェ　取材先提供

ンターン1名）だ。私生活では妻のパン事業を支援《しえん》している。そのどれもから刺激《しげき》を受けていると話す。

「その理由として、リンクアンドモチベーション社での社風があります。誰《だれ》か一人に傾倒《けいとう》するよりも、さまざまな人の技術や知識をつまみ食いしなさい、そして個人を成長させなさい、というものでした。それが今でも自分の根底にあって、この人のこの部分がすばらしい、あの人のあの部分が学びになる、とたくさんの人の部分部分を勉強させてもらっています」

日本での勤務経験は現在の仕事をするうえで非常に有益だった、とも話す。

所得に関しては、お金は日銭と貯蓄《ちょちく》に分けて考える必要があるという。カンボジアでの1日の生活費は約10ドルで、貯蓄《ちょちく》は人生の節目ごとに、きっちりすればよいという。また、クライアントは個人から国レベルまで幅《はば》広いため、さまざまな環境《かんきょう》を理解するために自己投資が必要だと考え、自己投資も貯蓄《ちょちく》の一部であると考えている。

「デザインという仕事は多方面から受注され、すべての事業でほぼ必要となります。私自身がすべてのクライアントの置かれている状《じょう》況《きょう》、イメージしている内容をわかっていないと、求めているものに対応できません」

職場環境《かんきょう》整備をめざして

現在の懸念事項《けねんじこう》としては、職場環境《かんきょう》の整備をあげた。デザイン事業は拡大できる余地が大きいものの、スタッフのスキルを効率的に高め、長期的に勤務してもらえるような場がまだできあがっていないという。人材の採用

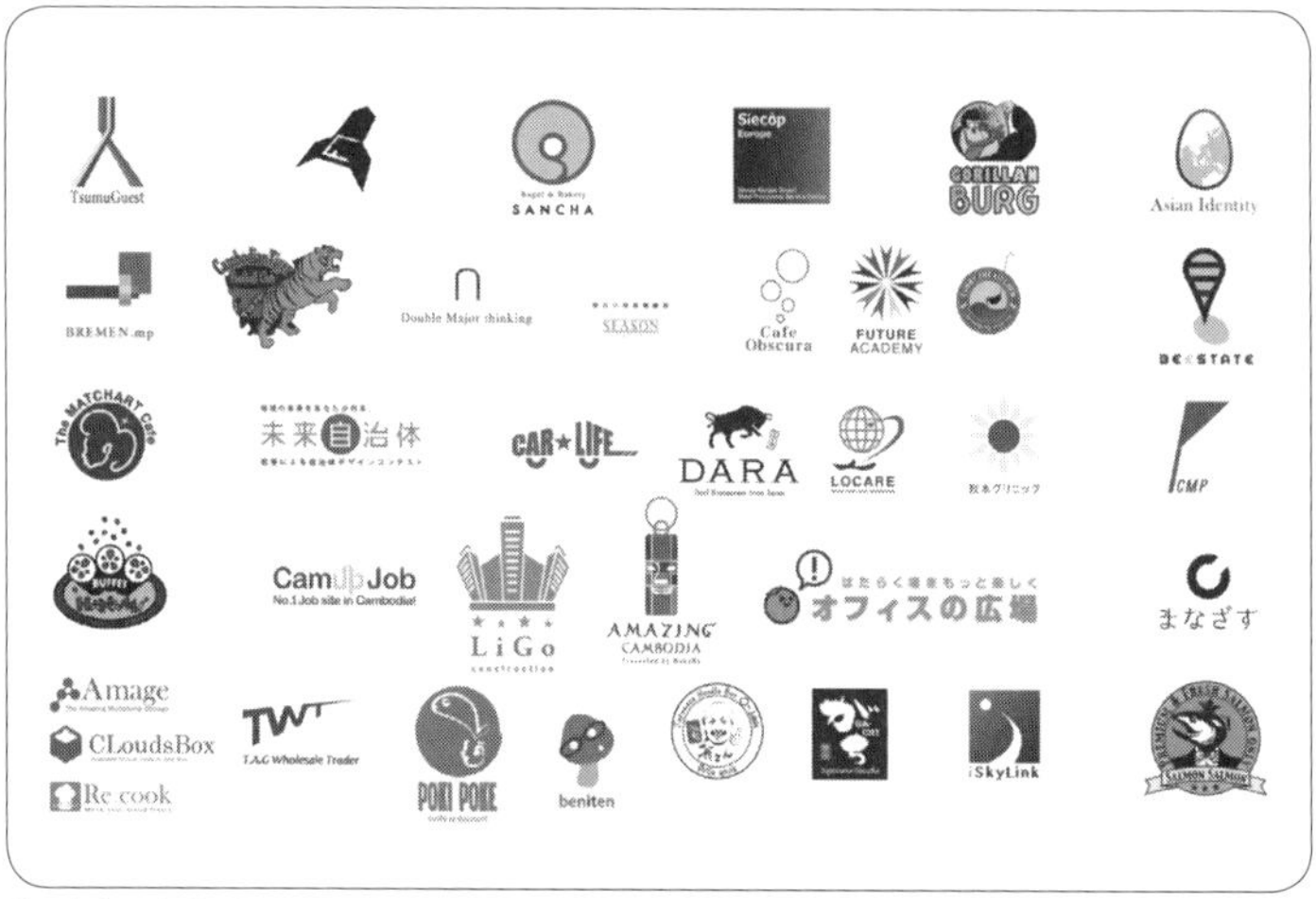

奥田さんの手がけた、さまざまな企業のデザイン　取材先提供

とスタッフ教育も課題としている。また、納品物の品質は何より重要であり、品質を一定レベルに維持《いじ》することが非常に難しいとも話す。

「たとえば、ある2つのプロジェクトを同じ金額で受注して進行した場合、同じ金額なのに、クオリティーに差が生じ、質や出来が一定ではないということが、よく起こります。クオリティーを一定の基準に保つ、ということが実はたいへん難しい。どうやって効率的に教育、人材育成を行うか、いかに働き続けながらスキルを高めてもらうか、に苦心しています」

奥田さんは人生や仕事に対して「人生1回きり。人生の豊かさ、楽しさを実感できる人生を送りたい」と語った。これは、効率的に仕事をすませることにもつながるという。

「仕事をしすぎたことで体調不良が続いた年があります。そんな時、妻に、仕事をするために生まれてきたの？　仕事も家族も含《ふく》めて、充実《じゅうじつ》した人生を送るために生まれてきたのではないの、と言われたのです。仕事とはそういうものなのだ、と気付かされました」

ドキュメント 7　カンボジア　パン屋さんの経営者

パンを通して人びとを幸せにしたい

SANCHA《サンチャ》

奥田真理子《おくだまりこ》さん

取材先提供

奥田さんの歩んだ道のり

青山学院《あおやまがくいん》大学法学部を卒業後、大東建託《だいとうけんたく》で4年間勤務する。26歳《さい》で結婚《けっこん》、同時期にパン職人の道を志し、パン屋さんに就職する。３年間の勤務で仕込《しこ》みから包装《ほうそう》、陳列《ちんれつ》などの一連の作業と約１００種類のパンの調理方法を習得。29歳《さい》で10カ月の世界周遊旅行をする。その後、カンボジアのプノンペンにパン工房《こうぼう》を開店する。これからも最高のパンを作り続けたいと考えている。

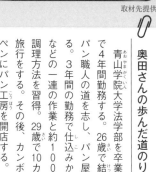

どんな人生を送りたいか自問自答

奥田真理子さんは大学を卒業後、大東建託へ入社し、新CAD開発部に3年、秘書室に1年間勤務する。日々を過ごすうち、自身の生き方を見直し、自分が今後どのような人生を送りたいのか、どのような形で人びとの役に立ちたいのかを考えるようになった。深く考えていくうちに、パンを通して人を幸せにしたいと、パン職人の道を志すようになる。

26歳《さい》の時に大東建託を退職し、結婚《けっこん》と同時期に東京都世田谷区にある三軒茶屋《さんげんぢゃや》のパン屋さんに就職する。入社当初は販売《はんばい》業務のみで、製造にたずさわることはなかったが、販売《はんばい》の合間を見て成形を教えてもらう。1年たつころには厨房《ちゅうぼう》で仕込《しこ》みを習い、さらに1年後には窯《かまや》焼きを習い始めた。

当時は深夜の1時に起床《きしょう》し、2時間イメージトレーニングをした後、3時に出社して仕込《しこ》みをする生活を送っていた。そのパン屋さんには3年間勤務し、仕込《しこ》みから包装《ほうそう》、陳列《ちんれつ》までの一連の作業方法と約50種類のパンの調理方法を習得し退職した。

退職した奥田さんは、29歳《さい》で夫と世界周遊の旅に出発する。始めは夫と別行動でフィリピンに滞在《たいざい》。1カ月半の語学留学をした後、香港《ホンコン》で夫と合流した。途中《とちゅう》、夫は仕事のため日本へ一時帰国するが、奥田さんはその間マレーシアへ移動し、2週間滞在《たいざい》する。再び夫と合流し、ベトナムを訪問する。

奥田さんは合計33カ国を訪れた。

周遊前は夫につれそっているだけの気持ちだったけれど、しだいに海外でのパンビジネスに興味をもった。やがて、世界遺産巡《めぐ》りよりも、「おいしい日本のパンを、もっとほかの国の人たちにも食べてもらいたい」と、各国のパン事情を知るためのパン巡《めぐ》りに専念するようになった。周遊中には、ブログ「世界のパン屋から」で、各国で食べられているパンについて、情報発信もした。

パン屋さんをオープン

日本に帰国後、カンボジアでパン屋さんを開店する決心をし、夫とともに30歳《さい》でカンボジアに移住する。2013年7月には自宅で工房《こうぼう》をスタートさせた。

奥田さんは、朝に焼きあげたパンを食料品店に持ちこみ、飛びこみ営業を行い続けた。その結果、外国人向けスーパーへの卸《おろし》が決定し、その後もベーグルを中心に、食パン、軟《やわ》らかいパンなどの種類を増やし、お客さんか

お客さんからの要望で店舗をオープン

仕込みは早朝から始まる　取材先提供

らの依頼《いらい》で卸先《おろしさき》を拡大させた。

パンの製造を開始してから、工房《こうぼう》でもパンを販売《はんばい》してほしいという声が多くなり、２０１５年10月にパン屋さん「Bagel & Bakery SANCHA（通称SANCHA）」*をプノンペンに開店した。現在は8名のスタッフを雇《やと》っている。

SANCHAでは、スタッフは朝5時半から仕込《しこ》みを開始し、7時には開店する。平日は16時半まで販売《はんばい》し、土曜日、日曜日は14時で閉店する。

奥田さんは現在、ＣＥＯ兼シェフを務め、開店までの準備はスタッフにまかせている。7時には出勤し、新商品の開発やスタッフのモチベーション維持《いじ》など、マネジメント業務に力を入れている。

＊ Bagel & Bakery SANCHA　http://bagelsancha.com/

事業拡大ではなく、スタッフの自立が目標

「私が店舗《てんぽ》を運営するなかで常に心がけていることは、お客さんの顔を見るということです。ニーズは常に移り変わるため、お客さんと積極的に会話をし、声を聞き、要望などを理解できるようにしています。お客さんのニーズについては、いつも気をつけています」

奥田さんの現在の職務満足度は、5点満点で表すと4・5だという。生活満足度は4で、総合満足度は4・3と語った。

最近は、人との交流や健康な体づくりのため、プノンペンに住む日本人が集まり日曜の早朝に走る「走友会」に参加しているという。また、時間を見つけては、タイ、ベトナム、日本を中心にパン巡《めぐ》りをしたり、パン教室に参加するなど、流行に敏感《びんかん》であること、消費

さまざまなパンが並ぶ　　取材先提供

販売するパンの種類は豊富！　取材先提供

者目線を忘れないことを心がけている。

「日本で働いた経験は、非常に役立っています。特に、経理、採用、スケジュール管理、社内報を作成した経験は、現在のマネジメント管理やディスプレー作成に活かされています。また、日本で勤務していた時の上司がよい手本として心に残っています。体育会系で明るくユニークで、でも仕事には厳しい人でした。現在の所得は、ありがたいことに赤字ではなく、事業開始当初より上がっています。所得は後からついてくるものだと考えています」

今後の課題は、スタッフが自立的に仕事を進められるように教育することだという。店《てん》舗《ぽ》は無理に拡大せず、自身の目の届く範囲《はんい》での規模に留めたいと話した。

将来は自分の体力を考えて、マネジメント

業務のみを行い、並行《へいこう》してパン教室を開講し、カンボジア人の生活を豊かにしたいと考えている。

「ある時期に、日本人のスピードでカンボジア人スタッフを教育をしていたことがありました。自立をうながしたいと思ったための行動だったんですけれど、スタッフは辞職してしまいました。その経験から、現在はカンボジア人のスピードに合わせて教育しています。カンボジアには、カンボジア独得のゆっくりとした時間が流れている、と今ではわかっています」

カンボジアはフランス領だった歴史から、フランス特有の硬《かた》めの食感のパンが主流だった。そこで、日本の軟《やわ》らかい食感のパンを提案し、その美味しさを伝えようとした。今後もパンを作り続け、おいしいパンをプノンペンの人たちに届けたいと考えている。

パン職人としていちばん大切にしていることは、三軒茶屋のパン屋さん時代に習った「パンの声や表情を読み取ること、会話をすること。パンは生きているから」という言葉だ。これを実践《じっせん》できることで、最高のパンを人びとに届けることができると話してくれた。

ドキュメント 8

カンボジア　商品の企画開発・販売会社の経営者

女性の経済的自立を支援し、地位向上をめざす

Blooming《ブルーミング》 Life《ライフ》 International《インターナショナル》

温井《ぬくい》和佳奈《わかな》さん

温井さんの歩んだ道のり

大妻《おおつま》女子《じょし》大学短期大学部卒業後、３年間証券会社に勤務する。退職後、アメリカへ留学し、語学学校、コミュニティ・カレッジを経て、ボストン大学国際関係学部を卒業。日本でウェブデザイン会社を経営した後、カンボジアでの起業を決意する。現在、プノンペンにあるイオンモールに店舗《てんぽ》を展開。事業の拡大・継続《けいぞく》、女性支援《しえん》事業の構想・準備に取り組んでいる。

女性の独立、支援《しえん》に関心

温井和佳奈さんは大妻女子大学短期大学部を卒業後、証券会社に就職した。証券会社では投資相談課で株式などの販売《はんばい》営業を3年間行った。叔母《おば》がフランス人であったこと、自分の留学経験、父親が会社経営者という家庭環境《かんきょう》、父親が男尊女卑《だんそんじょひ》の考えの持ち主だったことなどの反発からビジネス、女性の独立、途上国支援《とじょうこくしえん》に強い関心をいだく。証券会社退職後、アメリカに留学し、語学学校、コミュニティ・カレッジで学ぶ。その後、ボストン大学国際関係学部に進学し、学士号（BA）を取得する。

アメリカ留学時はウェブビジネスが急速に成長していた時期だったことから、今後は日本でもウェブデザインの需要が高まると考え、28歳《さい》の時にウェブデザインとマーケティングを融合《ゆうごう》した会社を設立する。創業にさいし、女性起業家コンテストで獲得《かくとく》した1000万円の融資《ゆうし》を開業資金に当てた。この会社を12年間続けたが、41歳《さい》の時に新しい生き方を選《せん》択《たく》する。

数年間は、開発途上国《とじょうこく》の女性の自立支援《しえん》事業を行うための準備期間とした。途上国《とじょうこく》において、貧しい家庭の子どもたちへの支援《しえん》は多数存在するが、ほんとうに必要なのは母親が夢《ゆめ》をもてるような支援《しえん》ではないかと考えた。

「子ども支援《しえん》をしている人は多いのですが、その母親を支えることも大切なのです。NPO（非営利団体）や青年海外協力隊で活動するという選択肢《せんたくし》もありましたが、自分はビジネスと開発途上国支援《とじょうこくしえん》を結びつけたいと考

カンボジアの女性たちの長所は造形美への意識の高さ

えたのです」

途上国《とじょうこく》を旅行するなかで、カンボジア人の人柄《ひとがら》の良さに気付く。また、女性はデザインセンスがあるが、それを仕事に結びつける場がきわめて少ないことを知る。そこで、才能がある人を集めワークショップや学ぶ場をつくろうと考えた。クリエーティブな分野の就業支援《しえん》を行えば、カンボジア女性が他国に出《で》稼《かせ》ぎに出ることなく、自国の経済発展に役立つ人材となれる。この女性自立モデルを成功させれば、同じ枠組《わくぐ》みを他国にも適用できる。

温井さんはカンボジアで就業支援《しえん》することを決める。その後、ソーシャル・ビジネスの夢《ゆめ》の実現を目的とする「みんなの夢《ゆめ》Award」*コンテストで3位、同時にムハマド・ユヌス*賞を受賞した。この受賞が後押《あとお》しとなり、2014年にカンボジアに移り住む。

＊**「みんなの夢 Award」コンテスト**　渡邉美樹氏が代表理事を務める一般社団法人ソーシャルビジネス・ドリームパートナーズが取り組む事業のひとつ。同法人は、ソーシャルビジネスの育成・支援のためにさまざまな出資、普及活動などを行っている。

＊**ムハマド・ユヌス**　1940年生まれ。バングラデシュの経済学者、実業家。ソーシャルビジネスの提唱者であり、2006年にノーベル平和賞を受賞。

女性たちの夢《ゆめ》を具現化

カンボジアに拠点《きょてん》を移し、Blooming Life* International Co., Ltd を設立し、「WAKANA SHOP」をイオンモールに出店する。しかし当初はまったく売れず、２０１５年10月に現在のブランド「AMAZING CAMBODIA」に変更《へんこう》した。店内には上質なカンボジア産品を集め、同時に店舗《てんぽ》経営の手法、数字の管理、商品構成などを勉強し、土産店《みやげてん》としての経営を成立させた。

「デザインそのものを売るのは難しいため、カンボジアの女性がパッケージにデザインした商品を土産物《みやげもの》として販売《はんばい》することにしました。彼女たちの『夢《ゆめ》は、世界の人たちに自分たちのデザインを見てもらうこと』という言葉が、ヒントになりました」

温井さんの店舗が入る、プノンペンのイオンモール

＊ Blooming Life International https://amazing-cambodia.com/

　現在はプノンペンのイオンモール内に1店《てん》舗《ぽ》を出店し、日本人スタッフを2名、カンボジア人スタッフを8名、商品開発にカンボジア人2名を雇用《こよう》している。店舗《てんぽ》の陳列《ちんれつ》では、カンボジアの商品に日本語や英語を加えるなどの工夫をし、パンフレットやプロモーションビデオでは英語、日本語、中国語、韓国語、クメール語の5カ国語で紹介《しょうかい》をしている。

「店内を彼女たちの作った品物でいっぱいにしたいと考えましたが、それは非常に難しく、資金がまったく足りません。私は、カンボジア製品は粗悪品《そあくひん》ばかり、と言われる現状を払《ふっ》拭《しょく》したいと考えています。よいものを作っているところはある、と知らせたい。ほんの小さな点を変えていくことで世界に通用する商品になるのです。今では『AMAZING CAMBODIA』に置かれている商品なら高品

カンボジアの土産物を多く扱う「AMAZING CAMBODIA」

質でだいじょうぶ、と信頼《しんらい》をいただいています」

開業には約2000万円必要だった。この資金は、日本人の投資家から得た。

配当金を約束すると投資家からの圧力がかかり自分の夢《ゆめ》を追求できなくなるかもしれないと考えた。そこで配当が必ずしも出るとは限らないが、寄付をするよりもよいと思えたら自分に夢《ゆめ》を託《たく》してくれないかと重ねて説得した。その結果、20人の投資家から1口50万円の援助《えんじょ》を受けることで開業が可能となった。

現在は、事業報告を兼ね年に2回、自社商品を株主に送っている。

「メード・イン・カンボジアが目標です」と温井さん

カンボジアとともに成長していきたい

温井さんの仕事上のネットワークは、企《き》業《ぎょう》経営者の会や起業塾《じゅく》で知り合った経営者、取引先の経営者、日本から視察で訪れた企《き》業《ぎょう》の人たちだ。

仕事は自身のやりたいライフワークなので、私生活との境界線はない。現在の職務満足度は、発展途上《とじょう》だが充実《じゅうじつ》しているので5段階の５、生活満足度は４、総合満足度は４・５と話す。日本でセミナーに通いコーチングなどの自己啓発《けいはつ》研修にも努めている。

今後の目標は2号店を展開すること、１年間の全体の売り上げをカンボジアと日本の物価の違いを考慮し日本円に換算して15億円にすることだ。会社を発展させ、ＮＧＯや企《き》業《ぎょう》と協働しつつカンボジアのものづくりに貢献《こうけん》したいと考えている。

「展開しているのは、カンボジアといっしょに成長していけるビジネスです。たとえば、アンコールワットの図柄《ずがら》を近代的にデザインし、商品を製作すれば伝統と現代の融合《ゆうごう》になります。ジャパン・クオリティをお手本とした、メード・イン・カンボジアをめざしています」

温井さんは、２０１０年からカンボジア人

「ドリーム・ガールズ・プロジェクト」では選考過程でワークショップも開催　取材先提供

女性がデザインで夢《ゆめ》を叶《かな》えるためのコンテスト「ドリーム・ガールズ・デザインコンテスト」を主催《しゅさい》している。第1回で3位になった女性は、現在プノンペンで、デザイン会社の経営者になっている。

今後は、デザイン力だけでなく、スモールビジネスを学ぶことができる学校をつくりたいと考えている。マーケティング、数字の管理、デザイン、商品管理、商品開発などを学び、彼女たちが起業できる仕組みをつくりたい。さらにカンボジア人女性への資金面での起業のサポートや、ビジネスリーダーの素質をもつ女性の人材育成のための場をつくりたいとも話した。

ドキュメント 9 カンボジア 土地開発や人材開発事業会社の経営者

新興国の伸びしろを感じて進出

HUGS《ハグス》 黒川《くろかわ》治郎《じろう》さん

黒川さんの歩んだ道のり

父親の仕事でイラク、バグダットで生まれる。その後、シンガポールで生活し、帰国後、東京理科《とうきょうりか》大学へ進学。プロサッカー選手をめざし1年間休学し渡英《とえい》するが断念し、帰国する。その後、起業家の夢《ゆめ》を実現させるため大学に復学するが4年生で中退。Venture-Link《ベンチャーリンク》、Next-Japan《ネクストジャパン》への就職を経て27歳《さい》の時、Prazer《プラゼール》を起業。32歳《さい》でPrazerを売却《ばいきゃく》し、カンボジアへ移住し、HUGS＊を設立。

＊HUGS http://hugs-int.com/

起業や経営について学んだ20代

現在、黒川治郎さんはカンボジアのプノンペンで起業家として活躍《かつやく》している。大学中退後の２００１年から2年半、Venture-Linkでフランチャイズ事業促進《そくしん》に向けたコンサルティング営業、全国の中小企業《きぎょう》に向けた経営改善の営業を行った。Venture-Link は起業家を輩出《はいしゅつ》することを目的とした企業《きぎょう》であり、全社員は起業に向けた細かなライフプランを毎年作成することを義務づけられていた。ライフプランを作成するなかで、27歳《さい》で起業することを決意する。そして、25歳《さい》の時、Next-Japan に転職するが2年で退職する。

「とても勢いのある会社で、そこで学んだ起業や経営の知識は、自分にとって大きな財産となっています。いつ、何歳《なんさい》で、何月に起業するのか、家族とはどうするのか、と細かくライフプランをつくりました」

27歳《さい》の時、Prazer（以下、プラゼール）を設立し起業する。それまでに培《つちか》ったコンサルティング営業や店舗《てんぽ》経営の知識を活かし、東京都内に焼肉店を3店舗《てんぽ》、ゴルフスクールを新宿《しんじゅく》に1店舗《てんぽ》など、計5、6店舗《てんぽ》をフランチャイズ経営し、関連店舗《てんぽ》を全国に展開した。開業には約２０００万円の自己資金と政府系金融《きんゆう》機関から５００万～７００万円ほど融《ゆう》資《し》を受け、店舗《てんぽ》の買い取りに当てた。プラゼールの経営には2、3年たずさわり、つぎの拠点《きょてん》を決めるためにヨーロッパ、アジア、アフリカなど世界を視察して回った。

カンボジアでの事業

プラゼールの事業を整理してカンボジアに

移り住んだ黒川さんは、事業精算時の約1000万円の利益と投資家からの援助《えんじょ》により、会社を設立する。カンボジアへ進出する日本企業《きぎょう》の支援《しえん》、人材育成、不動産開発などの事業展開を目的とするHUGSだ。

HUGSの主な事業内容は、①日本企業《きぎょう》のカンボジア進出への支援《しえん》およびコンサルティング事業、②介護《かいご》就労を目的としたカンボジア人の日本への人材派遣《はけん》事業、③カンボジアの土地売買だ。ほかにフランチャイズの古着店をプノンペンで14店舗《てんぽ》経営している。

人材派遣《はけん》事業では、カンボジアの大手大学の看護学科と組み、現職の看護師を日本に介《かい》護《ご》人材として派遣《はけん》することを目標に、日本語学校事業を始めた。日本語学校修了生《しゅうりょうせい》には日本語能力試験「N-3」(日常的な場面で使われる日本語をある程度理解できるレベ

プノンペンで経営する古着店　取材先提供

看護師をめざし語学を学ぶ女性たち　　取材先提供

ル）の資格取得を目標として掲《あ》げ、日本で介《かい》護《ご》分野の技能実習生として3～5年勤務できる仕組みをつくっている。２０１６年は５００人がＮ‐３に合格し、２０１７年はすでに３００人がＮ‐３を取得している。２０１７年の12月から日本での受け入れが始まった。なお、日本での介護《かいご》分野の技能実習生のVISAの認可要件はＮ‐４（基本的な日本語を理解することができるレベル）以上となっている。

不動産売買は当初興味がなかったが、すべての開発途《と》上国《じょうこく》が不動産・金融《きんゆう》を軸《じく》に国を成長させていることを強く感じたことからとりかかった。

「不動産金融《きんゆう》の強みを理解してから、この分野に力を入れることでビジネスとして成立すると思いました。現在はアジア諸国の富裕層《ふゆうそう》にプノンペンの安い土地を売買することで利益を生み出しています。プノンペンの土地は半年から1年、遅《おそ》くとも2、3年で価格が上昇《じょうしょう》するため、カンボジア政府の土地開発計画を狙《ねら》い利益を生み出しています」

HUGSは2016年までは農業、養豚《ようとん》事業に着手していたが大きな利益を出すことはできなかった。2018年からは現在の主な事業内容としてあげている、先の3つの事業から利益を生み出したいとしている。

「私自身としては、カンボジアでの事業基盤《きばん》を固めるのが第1ステージだと考えています。また、事業周期は5年で1サイクルと考えています。現在は7年目で、第2ステージの中《ちゅう》盤《ばん》にいるととらえ、事業を拡大させたいと考えています」

黒川さんは、カンボジアには事業の計画なしに移住し、新築したばかりの東京の家を売却《ばいきゃく》した。カンボジア移住を決めた後は、試行錯誤《さくご》でやってきたという。その間、1000万円を横領された経験もある。しかし、当時は人を見抜《みぬ》く力がなく、それは勉強代だと諦《あきら》め、前向きに考えることにしたという。

「海外での起業は、とてもハードルが高いものです。日本で起業するのに比べ難しく、日本での起業のほうが容易だと実感しました」

新興国の風土に柔軟《じゅうなん》に対応

カンボジアに来て感じたのは、綿密な計画を立てても、何も計画通りにはいかないということ。なぜならカンボジア人には計画という概念《がいねん》がなく、今を生きることしか考えていないからだ。そのような風土にふれ、従来の考えを捨てたという。現在は、長期計画は立てず、2、3年先までの計画だけを考えることにしている。またカンボジアに移り住むまでは、所得に対するこだわりをもっていなかったが、今は考えを変えた。資金は必要なものであり、仕事の内容にこだわりすぎてはだめだと教えてくれた人がいたと話す。

「今後、日本経済は低下していくと思います。とはいえ、世界全体の所得水準は上昇《じょうしょう》していくと考えられるので、新興国など所得が上昇《じょうしょう》する国に新たなビジネスチャンスがあると考えています。世界を相手にするビジネスをするには資金が必要で、現在キャッシュを獲得《かくとく》するために努力をしています」

黒川さんは、人生にはお金があることは大事なこと、と語る。しかし同時に、カンボジアに来て、いちばんの財産となっているのは日本では出会えないような人びととカンボジ

カンボジアには、さまざまなビジネスの種があるという

アで出会えたことだと続けた。

家族との時間が増え、生活を重視

黒川さんの仕事上のネットワークは、日本の中小企業《きぎょう》、カンボジア人対象の日本語学校関連の教師・学生、カンボジア人起業家、起業家進出支援《しえん》・投資関係者、政府などだ。また私生活のネットワークはほぼなく、仕事中心の生活で、月の半分は日本への出張で家を空けているが、家にいる時間はなるべく子どもと過ごすようにしている。カンボジアでの生活について、仕事も生活も楽しいがこれからの伸《の》びしろを考え、5点満点でいえば仕事満足度は4、生活満足度は3、総合満足度は4としている。また、カンボジアに移住してから家族と過ごす時間がつくりやすくなり、特に生活を重要視するようになった。

黒川さんは多くのことを教わった人物として、Venture-Link社で知り合い、現在HUGS取締役《とりしまりやく》である長江芳実《ながえよしみ》氏をあげた。「結果＝能力×努力×考え方」というとらえ方をしており、考え方がいちばん大事で、考え方しだいで何乗にもなり、ほかが低くても考え方で広がっていく、と話す。

自己啓発《けいはつ》として何か心がけているかという問いには、視野が狭《せま》くなりすぎないように、カンボジア以外の世界にふれるようにしていると答えた。視野を広げるためにヨーロッパをたびたび訪れるが、当面はカンボジアを中心に、日本とアジアで生活をしていく予定だ。

黒川さんは、これまでの自身の人生の選択《せんたく》はすべて自分で決断してきたという。

「起業を報告した時に、関係する人たちからはアドバイスをもらいました。しかし大切な

「まだまだ事業は中盤です」と黒川さん

取材先提供

のは自分の芯《しん》であると思っています。与《あた》えられた情報が自分にとって適切か、何が重要であるかの見極めが大切なのです」

最後に、今後は日本人として、また日本の会社として世界で生きたいと抱負《ほうふ》を語った。カンボジアはあくまでスタートで、これからは世界とかかわりたいと考え、現在はまだもがいている段階だという。カンボジアに２０１０年に移り住み、現在は第２ステージの真ん中にさしかかっている。黒川さんの挑戦は続いていく。

Column

ボランティアを経て、小口融資《ゆうし》を行う会社を設立　磯部《いそべ》 正広《まさひろ》さん

磯部正広さんは大学を卒業後、民間企業《きぎょう》に勤務、東南アジアでのボランティア活動を経て、現在、*Rights Smart Finance《ライトスマートファイナンス》 Plc. 代表を務めている。

磯部さんは民間企業《きぎょう》でシステムエンジニアとして勤務していたさい、有給休暇《きゅうか》を取りタイのスラムを訪問し、NGOの支援《しえん》活動を目にする。この時、大手企業《きぎょう》を退職した日本人男性に出会い、英語もタイ語もできず、一日中部屋《へや》にこもり新しい経理システムを構築している姿に衝撃《しょうげき》を受ける。当時、タイのNGOは各方面から資金援助《えんじょ》を受けていたが、決算書の作成や管理ができていなかったのだ。

磯部さんは1992年、会社からボランティア休暇《きゅうか》を取り、タイのNGOで経理担当として勤務する。その後、所属企業《きぎょう》を退職し、1992～96年にカンボジアのNGOで職業訓練と事務全般《ぜんぱん》（特に経理）の担当として働く。その後も、国際NGOで勤務し、東京本部経理総務課長、カンボジア事務所所長を務め、小学校の建設、絵本出版、職業訓練などの支援《しえん》事業全般《ぜんぱん》の管理を行う。

そのころ、誰《だれ》からも干渉《かんしょう》を受けず本来の支援《しえん》活動を行いたいと考え、カンボジアでの支援《しえん》事業を担うコンサルタント会社を設立する。その事業から得た利益をボランティア活動資金に当てている。起業時、ホームページや名刺は自分で作成し、開業資金はほぼ0円だった。

投資家の依頼《いらい》で、マイクロクレジット（小口融資《ゆうし》）事業を行う会社を2011年にカンボジア・プノンペンに設立し、1年間CEOを務める。翌年、自身でNGO団体 Rights Smart International をプノンペンに設立し、低所得者層に向けたマイクロクレジット事業を開始する。貸付資金の原資および事務所開設にための開業資金20万ドル（約2200万円）は日本の投資家に協力を仰《あお》いだ。

2016年には、カンボジア中央銀行より金《きん》融《ゆう》ライセンスを取得し、会社法人 Rights Smart Finance Plc. を設立する。主な事業内容は、①学生

＊ Rights Smart Finance　http://risma.biz/

向け教育ローンを含《ふく》むローン事業、②学校校舎のトイレ作りを中心としたボランティア事業、③漫画《まんが》出版を通してのカンボジア人への道徳教育、識字教育だ。現在、32名の従業員が働き、2017年には2つの支店が開設予定だ。

ローン事業では、低所得層のカンボジア人に約60万ドル（約6600万円）の融資《ゆうし》を行い、2012年からの過去5年間に総額527万ドル（約580億円）の融資《ゆうし》を行った。現在、融資《ゆうし》を受けているカンボジア人は1500名で、過去5年間に融資《ゆうし》を受けた人数は延べで1万1500名にのぼる。

融資《ゆうし》にさいし、カンボジア人が自分の経済状況《じょうきょう》に応じて返済計画を立てることができるように指導し、現地で貸付・返済を行っている。利子は月2～3%程度。300ドル以下の融資《ゆうし》には担保は不要とするが、保証人を2名要求している。300ドル以上の融資《ゆうし》には身分証明書やバイクの証明書などの提示が必要だ。カンボジア人はこれらの資金を元に、バイクタクシー（トゥクトゥク）事業を始めたり、子育て中の女性はミシンと材料の生地を購入《こうにゅう》し自宅で洋裁の内職を行ったりしている。

今後の課題としては、中央政府の政策変更《へんこう》への準備、カンボジア人中間管理職への教育育成、日本人対応スタッフの育成、スタッフの内部統制と答えた。

取材先提供

Column

獲得《かくとく》した資金を元にカンボジアで大学経営　猪塚《いづか》　武《たけし》さん

猪塚武さんは、早稲田大学理工学部物理学科卒業後、東京工業《とうきょうこうぎょう》大学大学院理工学研究科を修了。同大学大学院地球物理学博士課程に進学するが中《ちゅう》途《と》退学。現在、*A2A Town《タウン》(Cambodia《カンボジア》) Co., Ltd代表兼キリロム工科大学学長を務めている。妻、3人の子どもとカンボジアで生活している。

猪塚さんは大学院博士課程を中退後、外資系企《き》業《ぎょう》でSE（システムエンジニア）として働き、アメリカのシカゴで行われた全世界の新入社員向け研修を3週間受講するなかで、異文化の洗礼を受ける。1年3カ月勤務した後、九州《きゅうしゅう》転勤辞令を断り、退職する。

その後、地元の香川県で、デジタルフォレスト社を1998年に創立する。主にホームページのアクセス解析《かいせき》を行い、Google《グーグル》アナリティクスと競合していた。その後、同社をNTTに24億円で売却《ばいきゃく》し、42歳《さい》で社長を退任する。

退任以前から世界最大の起業家の会EO*の世界大会に出席し、グローバル化への危機感をいだく。そして、家族でグローバルファミリーになることを目標にシンガポールへ生活の拠点《きょてん》を移し、つぎのビジネス拠点《きょてん》を模索《もさく》する。

２０１１年にカンボジア・プノンペンにA2A Town（Cambodia）Co., Ltd を設立し、２０１２～14年のあいだはカンボジアとシンガポールを行き来し、事業構想を練る。２０１４年に就労ビザをシンガポール政府に返却《へんきゃく》し、カンボジアに完全移住する。

猪塚さんは、学園都市構想として、大学・不動産・IT・リゾート事業を融合《ゆうごう》することを決める。場所はプノンペンから3時間程度の自然豊かな地域キリ*ロムで、当初、住民は0人だった。

猪塚さんはキリロムに1万ヘクタール（山手線内の約1・5倍）の土地をカンボジア政府から借り入れることに成功する。この地にリゾート、キャンプ場ならびに大学を設立し、地域の活性化を担う。2

＊**A2A Town（Cambodia）**　http://asiato.asia/
＊**EO (Entrepreneurs' Organization)**　年商100万ドルを超える会社の若手企業家・創業者の世界的ネットワーク。
＊**キリロム**　クメール語で、キリは山、ロムは平和を意味する。

０１５年にはキャンプ場を中心に、キリロムへのカンボジア人の来訪者が１万２０００人に上り、今後さらに発展させる予定である。

また、ＩＴを専門とする全寮制《ぜんりょうせい》で４年制のキリ*ロム工科大学を２０１５年に創設した。教員は全員インド人で、授業は英語で行っている。同校は、カンボジアから大学としての認可を受けている。また、学生は奨学金《しょうがくきん》を受け、授業料や寮費《りょうひ》を支払《しはら》う必要はない。学生は大学が指定する企業《きぎょう》に卒業後４年間勤務すれば、奨学金《しょうがくきん》などの返済は免除されるシステムである。

学生は働く企業《きぎょう》を選ぶ権利もある。もし、学生が指定された企業《きぎょう》で働くことを希望しない場合には、猪塚氏が経営する組織（大学、不動産、リゾート、ＩＴ部門）のいずれかの部署で４年間働けばよい。

この大規模事業はカンボジアだからこそできたと猪塚さんは話す。起業にさいして家族や周囲の関係者に相談はしていないが、日本での勤務経験は非常に有益だったとふり返る。

猪塚さんの現在の課題は、事業拡大にともなう資金調達とのことだ。

＊キリロム工科大学　Kirirom Institute of Technology（http://kit.vkirirom.com/）

4章

東南アジアで働くために

働く前に考えてみよう

職業選択や働き始める時期、自分の生き方について

ライフステージとビジネス開始の時期

東南アジアで活躍《かつやく》する起業家のインタビューはいかがでしたか。共感できるところがあり、自分もやってみたい、と思った人もいるかもしれません。起業を決める前に、いくつか知っておいてほしいことがあります。職業選択《せんたく》や働き始める時期、そして自分の人生において大切にしたい生き方などです。

アメリカのキャリア研究者、ドナルド・E・スーパーのライフステージ論では、人生を5つの発展段階（成長期、探索《たんさく》期、確立期、維持《いじ》期、後退期）に分けました（図表7参照）。そのなかで、自己認識の重要性を強調し、自己認識とキャリア開発の関係性の重要性について示し、個人のキャリアと成長は、相互《そうご》にプラスの影響《えいきょう》を与《あた》えると述べています。ラ

イフステージ論の各期の要約を紹介《しょうかい》します。

●成長期（14歳《さい》まで）

人生の最初の時期に、子どもは対応能力の習得や自身の興味への探求を広げ、社会の一員となるために必要な意識を身につけ働くことへの一般的《いっぱんてき》理解を形成します。生物的な身体成長が進み、学校生活、他者との同一化・差異化を通し、「自己概念《がいねん》」が形成される段階です。この時期に自分は何が好きか、何が得意か、他者とどう違《ちが》うかを確認しながら自己の興味や能力を探求します。

●探索《たんさく》期（14〜24歳《さい》）

模索《もさく》しながら実践《じっせん》に向かおうとする試行期間です。探索《たんさく》期の若者は「暫定的《ざんていてき》な職業活動」を通じて、その分野でキャリアを積むか、転職して方向転換《てんかん》するかを判断します。

●確立期（25〜44歳《さい》）

探索《たんさく》期での試行錯誤《さくご》を経て特定の職業活動を選択《せんたく》し、当該《とうがい》職業の実績を積み、責任を果たすことで自己の職業上の地位、能力、専門性を高める時期です。

●維持《いじ》期（45〜65歳《さい》）

長期的な調整を行いつつキャリア開発を行い、イノベーションを図る時期です。この時期は、すでに獲得《かくとく》した職業、地位などを維持《いじ》するために努力し、みずからの職務能力の向

図表7　スーパーのライフステージ論

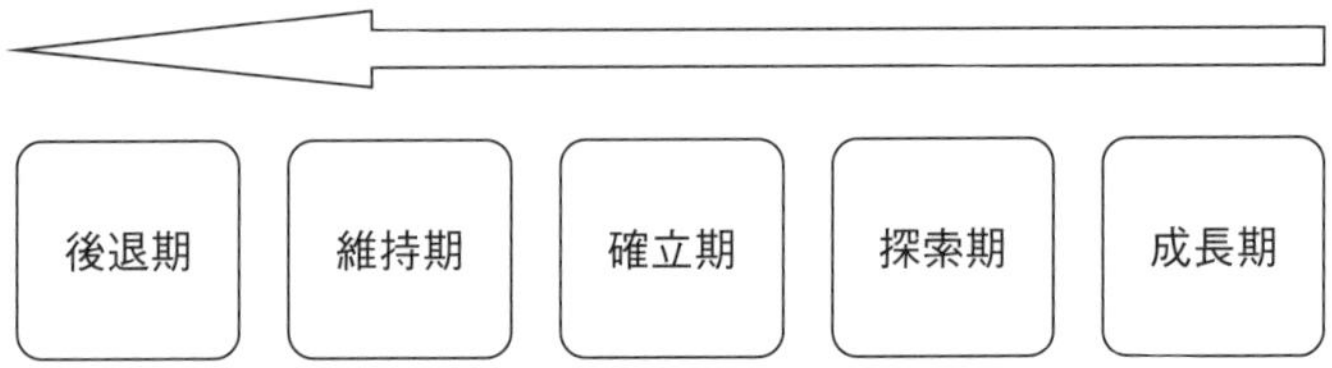

上に努めます。この期に新しい挑戦《ちょうせん》も行いますが、通常は大きな挑戦《ちょうせん》は行わない傾向《けいこう》にあります。

●後退期（65歳《さい》以降）

人生最後の時期であり、労働市場から撤退《てったい》する時期です。退職後の計画を立て、実際に退職後の生活を経験します。職務においてエネルギーは年齢《ねんれい》とともに減少し、人びとは活動の領域を狭《せば》め退職後の計画に集中します。退職後のボランティア活動、趣味《しゅみ》、レジャーを実践《じっせん》し　新しい生活に移行していきます。

働く自分をイメージする

つぎに、アメリカの組織学者で心理学者であるＥ・Ｈ・シャインの研究について紹介《しょうかい》します。キャリアという言葉について、シャインは人生を通じての職業経験であり、人生を通じた生き方の表し方である、と定義しました。

シャインは職業生活を通じて自己のイメージを発展させる構成要素として、つぎの５つをあげました。

（1）自律・独立
（2）保証・安定
（3）専門・職能別
（4）全般《ばん》管理
（5）起業家的創造性

シャインはさらに1980年代の研究から、（6）奉仕・社会貢献《こうけん》、（7）純粋《じゅんすい》な挑戦《ちょうせん》、（8）生活様式の3つの構成要素を追加し、自己イメージの構成要素は上記8つから構成されるとしました。

日本では1999年に太田《おおた》肇《はじめ》氏が「仕事人《しごとじん》」の概念《がいねん》を提起しています。「仕事人」とは、個人を雇用《こよう》している組織と対等な立場で交渉《こうしょう》することを可能にさせる能力をもつ個人である、と定義しています。「仕事人」は、会社の意向に従うキャリア形成ではなく、自己のキャリア開発に積極的に取り組み、責任をもつことであると述べています。

10代から20代中盤《ちゅうばん》の重要性

2章と3章のインタビューから、日本で大学時代に経験した事柄が、その後のキャリアに重要な役割を果たしていることがうかがえます。理由として、大学時代は自己の可能性を探り、卒業後の自己のキャリア計画を描《えが》く時期であるからです。

学校に通っている時代に、将来のキャリア計画について考える機会を得ることは、非常に有益といえます。中学生から大学生のあいだに、将来の設計や、自己のキャリア計画を見つけるための方法や、そのための有益な示《し》唆《さ》を教わる機会が必要です。また、インターンシップや海外経験、短期留学制度などを通じ、起業家になる方法、日本以外の国でスタッフとして勤務する方法、人材の管理方法、組織内でのふるまい方などを積極的に学習する必要があります。

日本での経理の経験を活かし金融ライセンスを取得した磯部さん　磯部正広さん提供

起業家の特徴と不可欠要素

どういった資質や知識、準備が必要なのか

共通点と相違点《そういてん》

みなさんが東南アジアで働くことに関心をもった場合、どういった資質、知識が必要なのでしょうか。本書のインタビューに登場する人たちを調べてみると、興味深い結果が得られました。海外で起業する日本人について、その共通点や相違《そうい》について紹介《しょうかい》しましょう。

まず、起業家としての成功を男性、女性というジェンダーの視点から見ると、男女間で大きな相違《そうい》があることがわかります。

インタビューした男性起業家の多くは、20代という若い時期に起業していました。男性で20代に起業する場合、自分の貯蓄《ちょちく》に加えて家族や投資家（後述）から開業資金を獲得《かくとく》していました。他方、女性の場合は起業することをキャリア計画の初期からは考えていない

人が多く、年齢《ねんれい》や経験を重ねた後に海外で起業する決心をしていました。女性の多くは遅《おそ》い時期に起業しているので、起業を決断した時にはすでに開業資金を蓄《たくわ》えており、自己資金の範囲《はんい》で会社を設立していました。さらに、女性は起業を決断する時には家族に相談することなく、自分で決めていました。

さらに、男性、女性ともに共通する特徴《とくちょう》は、柔軟性《じゅうなんせい》があることでした。

インタビューから分析《ぶんせき》すると、つぎの6つの共通した特徴《とくちょう》が導き出されました。

・探索《たんさく》期における海外経験をもっている
・柔軟性《じゅうなんせい》がある
・動機づけがある
・家族からの支援《しえん》がある
・キャリア・アンカー（後述）をもっている

図表8　海外で活躍する起業家、社会起業家のマインド構成要素

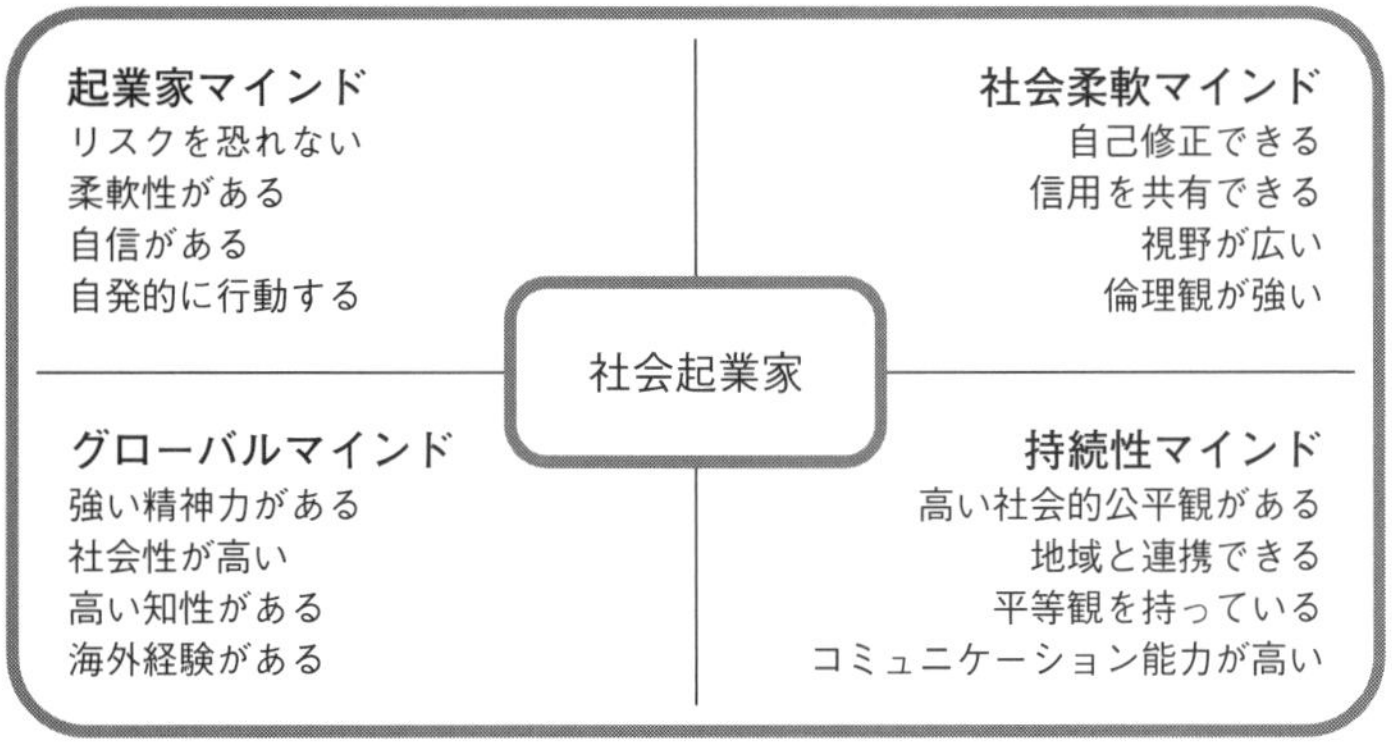

・メンター（後述）をもっている

前述したように、インタビューに登場する人たちのなかで、男性・女性間に起業開始年《ねん》齢《れい》と開業資金の2点を除き、相違点《そういてん》はありませんでした。上記の6つの特徴《とくちょう》は海外で働くうえでの促進《そくしん》要因と考えることができます。海外で起業している人たちは多くの促進《そくしん》要因をもち、抑制《よくせい》要因は少ないことがうかがえます。言葉を換《か》えれば、促進《そくしん》要因を多くもつ人ほど海外での起業に成功しているということができます。

図表8は、自分の意思に基づき海外で働く起業家のマインド（思考態度）の構成要素について分析したものです。その結果、自分の意思に基づき海外で働く日本人は、4つのマインドをもっていることがあきらかになりました。124ページでもくわしく紹介しますが、アジアの経済・社会発展を目的とする社会起業家は「起業家マインド」、「グローバルマインド」、「社会柔軟《じゅうなん》マインド」、「持続性マインド」のすべての要素をもち合わせている人であることがわかります。

キャリア・アンカー、座右の銘《めい》

1章でも少しふれましたが、ここで、キャリア・アンカーについて説明しましょう。

前出のE・H・シャインは『キャリア・ダイナミクス』のなかで「従業員は次第に自己認

識を獲得《かくとく》し、より明白な職業上の自己イメージを開発する」と述べ、「キャリア・アンカー（職業上の錨《いかり》）」という言葉を使い、職業上の自己イメージの概念《がいねん》を説明しました。

また、キャリア・アンカーとは「個人のキャリアのあり方を導き、方向づける錨《いかり》、キャリアの諸決定を組織化し、決定する自己概念《がいねん》」と定義されています。アメリカでは広く使われている言葉ですが、日本ではあまり使われていません。それゆえインタビュー時には、キャリア・アンカー、あるいは日本語に相当する「座右の銘《めい》」を教えてください、と質問しました。整理すると図表9のように分類できます。

日々の仕事の遂行《すいこう》や、自分で制御《せいぎょ》することが難しいことの多い海外の環境《かんきょう》でキャリア・アンカーを持っていることは、逆境に陥《おちい》った時に打ち勝つ強い味方となります。シャインは、キャリア・アンカーはつぎの3要素から構成され、人が何年か働くことでやっと発見されるものであると述べています。

①自覚された才能と能力（さまざまな仕事環境《かんきょう》での実際の成功に基づく）
②自覚された動機と欲求（現実での諸機会、および他者からのフィードバックに基づく）
③自覚された態度と価値（自己と、勤務組織、職場環境《かんきょう》の規範《きはん》および価値との実際の衝突《しょうとつ》に基づく）

この3要素と図表9からわかることは、自分が特別な才能や能力があると考えている人

図表9 キャリア・アンカーから見る構成要素

キャリア・アンカー(座右の銘)	ドキュメント	キャリア・アンカーの構成要素
(該当なし)	—	①自覚された才能と能力
為せば成る 為さねば成らぬ何事も 成らぬは人の為さぬなりけり	上野さん	②自覚された動機と欲求
火を絶やすな。そして情熱を持ち続けろ	小田原さん	
人生は1回きり。 人生の豊かさ、楽しさを実感できる人生を送る	奥田知宏さん	
ピンチはチャンス。 人は思った通りの人になる	奥田真理子さん	
結果=能力×努力×考え方	黒川さん	
やればできる。ほかの人にできていることで 自分にできないことはない。 やり始めたらまわりの人を幸せにしなければならない	猪塚さん	
信頼を得ること、誠実であること	阿部さん	③自覚された態度と価値
生活習慣を変えれば人生は変わる	栗原さん	
顧客に対し誠実であること	植村さん	
恩を忘れない	堀さん	
自然体・調和・シェアリング	温井さん	
優先順位が最も重要。 この選択を間違えなければ成功する	磯部さん	
まわりの人を幸せにできれば自分も幸せになれる	小田原さん	

は一人もいないということです。起業家として成功を収めている人は、自分が才能、能力をもっているかどうかということより、自分の動機、欲求、価値、態度などの自己哲学《てつがく》を重要視していることがうかがえます。

メンターの重要性

職業経験が短い時期には、どういう選択《せんたく》、決断をすればよいかわからないものです。メンターはキャリア形成期での「良き指導者」、「助言者」を意味します。メンターはキャリア形成や生活上の悩《なや》みを受けながら育成に当たる人生の先輩であり、信頼を置ける人であるということもできます。

本書に紹介《しょうかい》した人たちの多くはメンターをもっていました。メンターが一人の場合もあれば、複数人もっている人もいました。大きな決断を行う時、メンターから助言を受け、最終的には自分自身で決断していることが多いようです。メンターをもつことは、事業リスクを減らすと言《い》い換《か》えることができます。

海外との接点

インタビューに登場した人たちの多くは、人生の探索《たんさく》期に海外経験あるいは海外との出会いを経験していました。上野さん（42ページ参照）は大学時代にバックパッカーとして東南アジアを訪問しています。また、小田原さん（56ページ参照）は高校時代に県のボーイスカウトの代表としてアメリカのキャンプに参加していました。

これらは一過性の経験ですが、人生の探索《たんさく》期に行われており、東南アジアでの起業を決意する強い動機づけとなっていると思われます。

起業する適性年齢《ねんれい》

起業を開始した年齢《ねんれい》は、男性の場合は若く、女性の場合は遅《おそ》いという特徴《とくちょう》があることはお話ししました。２章に登場した男性は全員、ライフステージの確立期（１０９ページ参照）

ミャンマーのスレイ寺院。海外では思いがけない発見もある

の早い時期に起業をしていました。起業をするさいに、年齢《ねんれい》はきわめて重要な要素となります。実際に、上野さん、小田原さん、黒川さん（94ページ参照）は大学時代に自分の進みたい方向性を決め、20代後半で起業しています。

他方、女性は全員、遅《おそ》い年齢《ねんれい》で起業しています。2章に登場する栗原さん（50ページ参照）は自分が置かれている環境《かんきょう》のなかでキャリアを形成させようとがんばりますが、人生が経過するうちに調整を行い、最終的に30代中盤《ちゅうばん》にバンコクで起業しています。また、温井さん（86ページ参照）は20代後半に日本で会社を設立しますが、40代前半にカンボジアに新会社を設立し、良質なカンボジアのお土産を開発・販売《はんばい》しています。

不可欠な柔軟性《じゅうなんせい》

男性・女性を問わず、海外で働く人たちに共通していたのは、柔軟《じゅうなん》な対応力をもっていることです。海外で働く人たちに話を聞くと、ほぼ全員が人生のなかでさまざまな調整を行っていました。彼らの考え方には柔軟性《じゅうなんせい》があり、ビジネスにおいても、このしなやかさが活かされています。

バンコクで市場調査の会社を経営する阿部さん（34ページ参照）は、ニッチ分野の事業に活動の場を広げています。事業が思い通りにならない時には心を切《き》り替《か》え、ほかの新しい分野に事業の重点を移しています。

同じくバンコクで働く上野さんは当初、東京で居酒屋の開業を考えましたが、バンコクで日本のランチを提供するレストランを開業しました。その後、いろいろな経緯《けいい》の末、現在はタイ古式スパ・マッサージ店の事業拡大に努めています。

自分の生活を管理できなかった栗原さんですが、30歳《さい》を過ぎてからタイのバンコクに移り毎日午前3時に起床《きしょう》するという生活習慣に変えた後、健康によい日本の商品をバンコクで販売《はんばい》する会社を設立し成功を収めています。

日本企業《きぎょう》のアジアへの直接投資の拡大に対応し、小田原さんは不動産仲介業《ちゅうかいぎょう》から日本企《き》業《ぎょう》への人材紹介業《しょうかいぎょう》に転換し、起業しました。最近はアジア経済の発展を見すえ、ミャンマーでの事業も始めています。

栗原さんは日本のよいものをタイで紹介している　　栗原宏実さん提供

日本で修得したパンの調理法を活かした奥田真理子さんが作ったパン

カンボジアでパン屋さんを開いている奥田真理子さん（79ページ参照）は、夫につれそいプノンペンに住むうちに、日本で作られている生地が軟《やわ》らかいパンを紹介《しょうかい》したいと考えました。焼いたパンを近くのスーパーマーケットに置かせてもらい、人気となりました。おいしいパンを食べてもらうことでまわりの人たちを幸せにしたいという思いが、開業を決意させています。本書には登場していませんが、日本で働いている時は通勤に片道1時間半を費やしており、ワーク・ライフ・バランスがきわめて低かったことから、生活環境《かんきょう》を変えたいと考え、海外で働くことを決心した女性もいます。

これらの事例から、海外で働く人は共通して、柔軟《じゅうなん》な思考力があることがわかります。彼らは必要に応じて事業分野や働き方を修正しています。柔軟性《じゅうなんせい》は、海外で働く日本人が事業で成功するために不可欠な要素であり、事業拡大の促進力《そくしんりょく》となります。

家族からの支援《しえん》

また、家族からの支援《しえん》は、海外で働くうえでの重要な促進《そくしん》要因です。仕事を遂行《すいこう》するなかでも、大きな力になります。たとえば阿部さんの父親は中国《ちゅうごく》でエンジニアとしての勤務経験があり、息子が日本国内にある企業《きぎょう》で働くのではなく、バンコクにある日本の著名企業《きぎょう》で現地社員として働くことを後押《あとお》ししました。小田原さんは、長男でしたが、父は息子がアメリカの大学へ進学することを支援《しえん》し、海外で働きたいという夢《ゆめ》と決意を尊重しました。

成功するための心構え

海外で働こうとした動機は？

働くきっかけ、考え、夢《ゆめ》

日本で生まれ、日本で学校教育を受けた人のなかで、どのような人が海外で起業する、あるいは自分の意思に基づき海外で働いているのでしょうか。これまで出会った人たちに、海外で働くことを決めた動機について質問してみました。そうすると、全員が自分の考えをみずからの言葉で答えてくれました。

海外で働く動機はさまざまですが、整理するとつぎの4つのグループに分けることができます。

最初のグループは、日本でよく見る一般的《いっぱんてき》な会社員のようにはなりたくないと考え、海外でキャリアを構築することを決めた人たちです。例としては、本書に登場する小田原さんです。留学したアメリカか日本以外の国で働きたいと考え、バンコクで働き始め、起業に成功しました。日本、タイ、カンボジアの顧客《こきゃく》に向けてカンボジアを拠点《きょてん》にデザインを提供している奥田さん。そして、日本の事業を清算し、カンボジアで日本への介護《かいご》人材送《おく》り込《こ》み事業を開始したのは黒川さんです。彼らで構成されるグループは、現地での雇用《こよう》を創出し、現地の人材育成を担っています

第2のグループは、開発途上国《とじょうこく》の経済・社会支援《しえん》を実現させるために海外で働いている、社会起業家と呼ばれる人たちです。例として、国民の所得がいまだに低いカンボジアで出会った3人をあげましょう。温井さんは、女性の経済的自立を後押《あとお》しする目的で土産店を経営しています。同時に、ガールズ・ドリーム・コンテストを主催《しゅさい》し、カンボジア女性の活躍《かつやく》の場をつくっています。将来的には、カンボジア女性がスモール・ビジネスを学ぶことができる学校をつくりたい、そのモデルをほかの開発途上国《とじょうこく》に移転させたいと語ってくれました。IT分野の人材育成を目的に、カンボジアに大学を創設した猪塚さん。将来的に総合大学に規模を拡大させる夢《ゆめ》を語ってくれました。磯部さんは、カンボジアに住む低所得層の人たちに小額を貸しつける会社を設立し、彼らへの事業支援《しえん》を行っており、カンボジア国内に店舗《てんぽ》を拡大させる計画を語ってくれました。このグループは、ビジネスを通じて起業家精神をもって開発途上国《とじょうこく》の人たちに知識を伝えたい、あるいは高等教育を

通じて人材育成を行い、社会の経済発展に寄与《きよ》したいと考える人たちです。

第3のグループは、もともと海外志向ではなかったのですが、何かのきっかけで日本を飛び出して働くことを選択《せんたく》した人たちです。例として、阿部さんは、日本での就職活動で第一志望の会社に就くことができず、バンコクで日本の著名企業《きぎょう》の現地社員として働くという道を選択《せんたく》しました。植村さんは、勤務していた日本の本社が海外部門の撤退《てったい》を決め、現地での顧客《こきゃく》を引《ひ》き継《つ》ぐ形で会社を立ち上げました。日本に戻《もど》っても、自分が活躍《かつやく》できるポストはないであろうと、海外赴任《ふにん》先《さき》の国に残ることを決めました。彼らは、バンコク、香港《ホンコン》など一定レベル以上の経済活動が可能な環境《かんきょう》で働く人たちです。

第4のグループは、日本からの逃避《とうひ》として海外

カンボジアのキリロムにある大学。学生はパソコンやタブレットを使いながら授業を受ける

で働くことを決意した人たちです。本書では紹介《しょうかい》しませんでしたが、日本で会社勤めをしたけれど長続きしなかったことから、海外の日系中小企業《きぎょう》に就職した人。日本での生活をリセットしたいと考え200万円の貯蓄《ちょちく》を持参し、海外で夢《ゆめ》の実現を試みた人などです。これらの人たちが働くうえでどのようなモチベーション（働くうえでの動機づけ）をもっているのかは、今後の調査項目《こうもく》といえるでしょう。

自分の思いを自分の言葉で語れる強さ

海外で働く動機を4つのグループに分けて説明しましたが、どのグループの人たちも将来に向けてさまざまな夢《ゆめ》をもち、著者に語ってくれました。東南アジアの近隣《きんりん》諸国でマーケットリサーチ分野のコンサルタント業を拡大したいという夢《ゆめ》、日本と東南アジアを結ぶ架《か》け橋《はし》になりたいという夢《ゆめ》、アジアに留まらずヨーロッパやアフリカを視野に入れた事業家として成功したいという夢《ゆめ》などさまざまです。

本書で紹介《しょうかい》した人、ならびに本書では紹介《しょうかい》していませんがインタビューを行った人たちは、東南アジア諸国でビジネスチャンスにめぐり合い、事業を成功させています。

起業の方法や資金について考えてみよう

働きたい国の情報を入手

この本を手に取ったみなさんのなかには、将来は海外で会社を経営したい、けれども、どうすれば海外で会社を設立できるかわからない、という人がいると思います。海外に赴《おもむ》き、会社を経営している人に直接話を聞く方法もあると思いますが、本書では、日本にいながら海外で会社を設立する方法を学ぶことができる方法をお伝えします。

みなさんは「華僑《かきょう》」という言葉を知っていますか。華僑《かきょう》は中国の国籍《こくせき》を保持したまま海外に移住した中国人、およびその子孫を意味します。では、「和僑《わきょう》」という言葉はどうでしょう。和僑《わきょう》は日本の国籍《こくせき》を保持したままで海外に移住した日本人を意味し、その世界的ネットワークは「*和僑会《わきょうかい》」と呼ばれます。各国に設立されている和僑会間の交流は

＊**和僑会**　国や地域ごとに独立して運営されている。東京和僑会 URL　http://tyo-wakyo.com/

密で、海外で起業をめざす日本人を支援《しえん》する組織となっています。

和僑会に会員登録すると、勉強会、研修旅行、世界大会などのさまざまな関連情報がメールで送られてきます。海外の和僑会から情報を提供してもらうこともできます。働きたい国の情報を十分に収集しないで起業を決断することはリスクが大きすぎます。日本国内にいながら関心のある国、働いてみたい国の情報を入手することをお勧めます。

香港、タイのバンコク、カンボジアのプノンペン、ミャンマーのヤンゴンなど主要都市では日本語のフリー・ペーパー*が発行されています。フリー・ペーパーを研究して現地の情報を収集したり、発行者から会社設立に関する情報を入手することもできるでしょう。

国ごとに異なる制約

１章でも述べましたが、アジアの国々は外国人の投資についてそれぞれ独自の法律を設けています。各国の法人税や法人税率、輸入関税の免除《めんじょ》の有無、価格や為替《かわせ》、貿易についての制限なども比較し、調べる必要があります。

カンボジアでインタビューを行ったさい、多くの人たちが日本の企業《きぎょう》について、つぎのように述べていました。

「日本の大企業《だいきぎょう》は人口が５０００万人以上のベトナムやミャンマーには直接投資を行うた

＊フリー・ペーパー　香港「NNA ASIA」https://www.nna.jp/、タイ「NEWSCLIP」http://www.newsclip.be、ミャンマー「ミャンマージャポンビジネス」http://myanmarjapon.com/、カンボジア「カンボジア ビジネス パートナーズ」http://business-partners.asia/cambodia/company/ などがある。

日本語で書かれた各国のフリーペーパー

めに現地法人を設立するが、カンボジアのような5000万人以下の国には進出しない」というのです。それゆえ、個人がカンボジアで事業展開を行う場合、大企業《だいきぎょう》と競合しなくてもよいと、進出のメリットを教えてくれました。

また、ミャンマーのヤンゴンは、筆者が訪問した2017年の夏ごろは軍事政権から民主政権への移行時期でした。ミャンマーで政財界に通じている起業家は、ミャンマーの経済発展は、これから国内行政が安定した後に本格化すると述べていました。こうした新たな動き、各国ごとの経済や情勢の流れにも敏《びん》感《かん》でいることが重要です。

開業資金の有無

起業する場合にはまとまった金額の開業資金が必要です。東南アジアでみずからの会社を設立している人たちは、どのように開業資金を準備したのでしょう。

20代で起業している男性の場合は、開業資金の一部を投資家から入手しているケースが多く見られました。本書に登場した上野さんや小田原さんは20代後半という人生の早期の確立期に起業しています。自己資金だけでは会社を設立できないため、彼らは投資家から開業資金の一部を調達しました。

女性の場合、多くの女性は30代後半から40代にかけて起業していました。そのため、開業を決意した時にはすでに十分な蓄《たくわ》えを持っていました。なお、人によっては、親から開業資金の一部を提供してもらった例もありました。

タイ、カンボジアを例にすると、起業した人たち全員が、株式会社を設立することは比《ひ》較的《かくてき》簡単であると述べていました。実際に彼らは20代半ばと年齢《ねんれい》が若いにもかかわらず、投資家から資金を投資してもらい、株式会社を設立しています。国にもよりますが、株式会社を設立するための資本金は、業種により多少違《ちが》いはあるかもしれませんが、日本円で500万円から600万円の資金が必要になります。国ごとにさまざまな開業方法があるため、若い年齢《ねんれい》からのスタートでも躊躇《ちゅうちょ》することはないといえます。

海外では起業志願者と投資家とのあいだを繋《つな》ぐネットワークが存在します。その国に住んでいると、投資家についての情報はいろいろ得られるようです。著者がバンコクでインタビューを行ったさい、投資家を見つけるのはそれほど難しくないと多くの人が答えていました。国によっては、自国人しか会社を設立できないという法律がある国もあります。海外で創業しようと考える人は、その国の法律をよく調べる必要があります。

投資家とのパートナーシップ

アジア各国で起業に成功している日本人にインタビューしたさい、多くの起業家が投資家とのあいだに生じた問題について話してくれました。たとえば、日本人起業家が事業の拡大を優先させたいと考えても、51％以上の株式を取得している株主が配当を優先させたいと考えている場合、起業家は株主の意見に従わざるを得ません。

本書に登場した経営者のなかには、投資家から株式を買い取った人、投資家に株式を譲渡《じょうと》し自分は新しい事業に着手した人などもいます。ある起業家は、投資家との問題を起こさないように、自己株式比率を60％として起業していました。投資家からの資金を使って会社を設立する場合、条件について十分話し合い、周囲からアドバイスを受けた後に、パートナーシップを結ぶことが大切です。

知っておいてほしいこと

本書に登場した日本人起業家は成功者であり、彼らは日本の同年代の会社員と比べて高い満足感を得ています。しかしながら、本書には登場しませんが、海外で働く日本人がみな、必ずしも満足しているわけではありません。なかには「自分は日本にいる大学時代の同期と比べると給与《きゅうよ》は低い」と話した人、また、きっかけは成功をめざすためではなく、現状からの逃避《とうひ》として海外へ向かったと語った人もいました。海外で働くという選択《せんたく》をしたとして、誰もが本書に登場する人のような結果となるとは限らない、ということも心にきざんでおいてください。

タイの中心部バンコクの高層ビル

生活と収入

住む国、生活する地域によって環境はさまざま

日本と異なる貨幣《かへい》価値

人間はお金だけで幸せになることはできません。本書に登場した起業家のなかで、日本の大学で同期よりも多くの収入を得ている人もいましたが、日本で会社員として働いていた時よりも日本円に換算《かんさん》すると収入が低くなったという人もいました。

しかし、日本と、カンボジアやタイなどの新興国とでは貨幣《かへい》価値は異なります。そのため、簡単に収入が少なくなったと決めつけることはできません。住居費は、国や住む地域によって大きく異なるので一般化《いっぱんか》はできませんが、現地の食べ物を中心に生活するのであれば、生活費はそれほどかかりません。

高い生活満足度

インタビューを通じ、現在の生活に不満を感じている人にはほとんど会いませんでした。日本円に換算《かんさん》すると現在の所得は低いけれど、自分の裁量により事業規模が拡大する見込《みこ》みなので、現在の収入に対して不満はないという人が多く見られました。また、受け取る金額は多いほうがよいが、仕事から得る高い満足感のほうが上まわると答えた人が多くいました。事業を大きくするという夢《ゆめ》をもつ起業家ならではの回答です。

医療《いりょう》設備に関しては、香港ではイギリス統治時代の医療《いりょう》制度が定着しており、非常に質の高い医療《いりょう》を低額で受けられるとのことでした。タイのバンコクでは、日本語で対応してくれる総合病院がいくつかあります。カンボジアのプノンペンには日本人医師が常《じょう》駐《ちゅう》する病院が開業しています。

学校に関しては、香港、タイのバンコク、カンボジアのプノンペンには全日制の日本語学校（小・中学校）があります。

それゆえ、本書で紹介《しょうかい》した香港、バンコク、プノンペンで家族といっしょに生活することに関しては、それほど心配する必要はないといえます。

これからのアジア

様変わりしていくアジアの国々

めざましい発展が続く

現在の世界各国の構図は、２０３０年ごろには大きく様変わりしていきます。ご存じのように、日本を含《ふく》む西欧《せいおう》先進諸国では高齢化《こうれいか》が加速しています。一方、新興国と呼ばれる国々、特に東南アジアの国々の経済成長はめざましい発展を遂《と》げていきます。日本の大企《だいき》業《ぎょう》は、将来の日本と世界の社会構造の変化を見すえ、現在、アジア市場での開拓《かいたく》・拡大に力を入れています。

しかしながら、日本の多くの企業《きぎょう》では、海外市場を担う人材を意識して採用・育成するという取り組みは、まだ活発に行われているとはいいがたい状況《じょうきょう》です。また、学生のほうも自分が将来、海外で勤務するという意識をあまりもってはいません。

人材の確保、育成が課題

新興国における人材育成は、その国で事業を展開する経営者にとっては大きな課題です。日本の企業《ぎぎょう》、特に大企業《だいきぎょう》では、社員へのきめ細かい教育を行っていますが、新興国のなかで日本の会社員と同程度の高度な教育を受けた人材を見つけることはきわめて難しいのが現状です。そう考えると、海外で働く経営者は、働いている地域の人材市場に見合った新しい人材育成方法を構築する必要があります。

また、事業展開のさいに忘れてはいけないのは、現地の人材を上手《じょうず》に活用していくことです。地域のニーズ・嗜好《しこう》を受け入れた商品開発を行い、地域固有の文化・習慣に柔軟《じゅうなん》に対応することも必要です。

利益追求だけではなく共存共栄をめざす

今後、日本人がアジアという市場で勝負していくさい、重要なのは、利益追求だけではなく、その地域社会との調和ある発展をめざさなければならないことです。言葉を換《か》えれば、共存共栄です。アジアとひと口でいっても、民族、宗教、習慣などが大きく異なります。アジアで働くことを考えるのであれば、日本にいる時から各国の商慣習、文化、規制

これからの経済成長が注目されるネパールのカトマンズ

などを学習する必要があるでしょう。

アジアはみなさんが思っているより近く、親しみやすい場所です。航空運賃もそれほど高くはありません。この本を手に取ったみなさんのなかで、まだアジア、東南アジアを訪ねたことがない人がいれば、ぜひ、どこかの国を訪問することを検討してください。かならず、新たな出会いがあることでしょう。

フローチャート　東南アジアの起業家

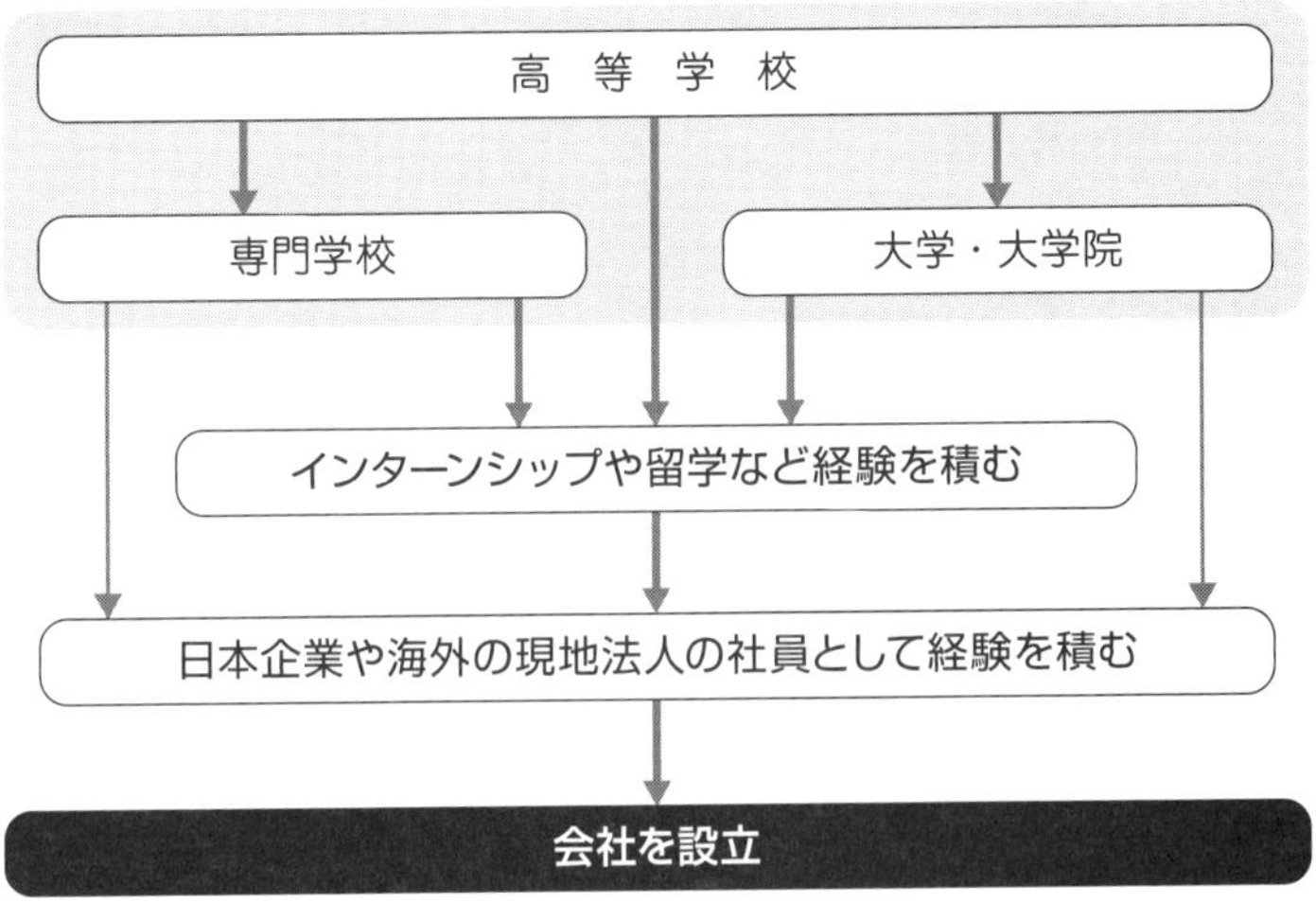

なるにはブックガイド

『アジアの消費―明日の市場を探る』

大木博巳編著
ジェトロ（日本貿易振興会）

アジアを市場とみなし、産業分析に興味を持っている人に適した本です。アジアの経済成長の現在を分析して将来を予測し、今後成長する分野として携帯電話などの通信市場、自動車市場、サービス産業を挙げています。大学生や社会人も読者対象です。

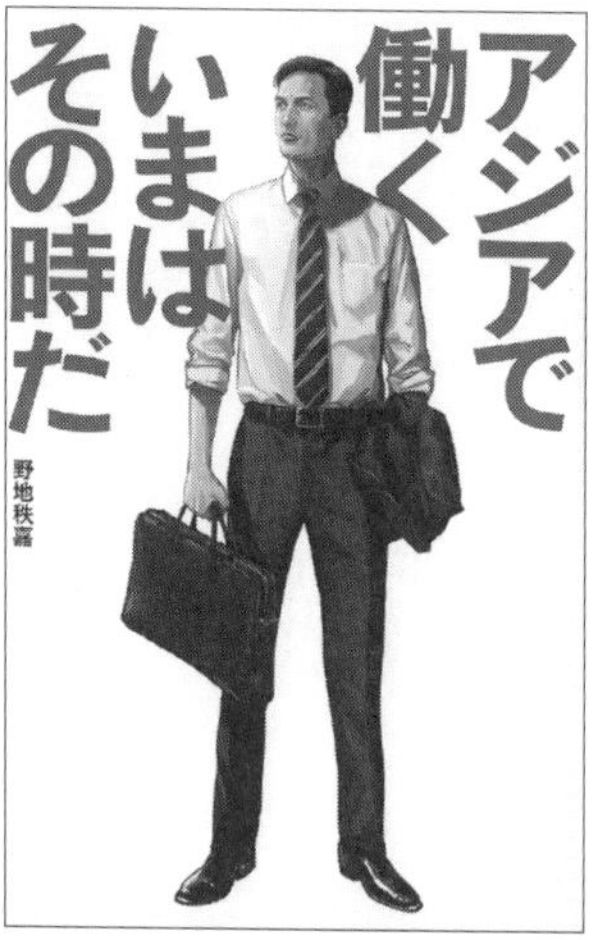

『アジアで働く　いまはその時だ』

野地秩嘉著
日経ＢＰ社

企業で働いている人がどのように海外で市場開拓しているのかを、国別に取り上げています。海外転勤の可能性がある企業へ勤める予定の読者に、お歓めします。

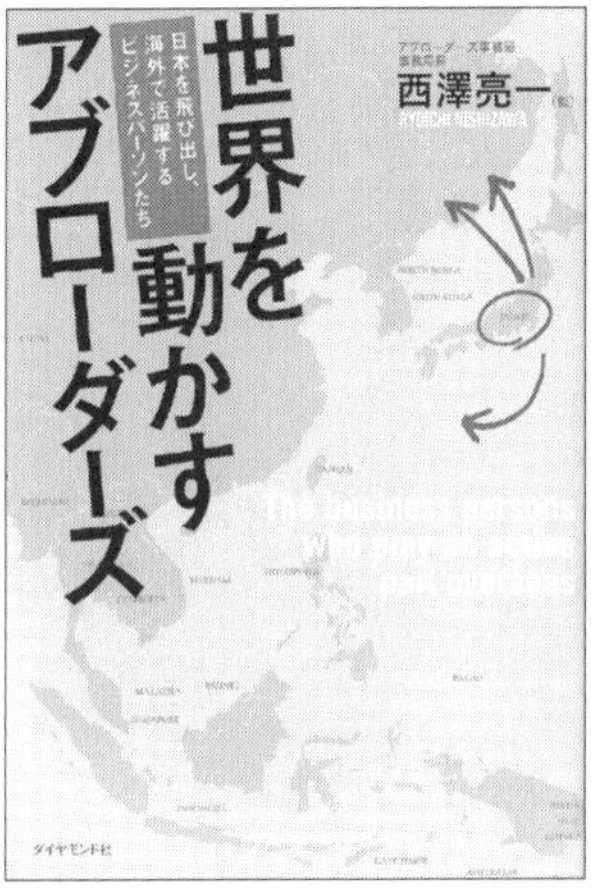

『世界を動かすアブローダーズ　日本を飛び出し、海外で活躍するビジネスパーソンたち』
西澤亮一著
ダイヤモンド社

ABROAD（海外）とER（人）をつなげてアブローダーズと呼び、海外で活躍する日本人を紹介しています。NGO法人職員や起業家が登場し、アジアで働く人がこれからも増えていく現状が読み取れます。本書に登場した猪塚さんのインタビューも読めます。

『アジアで働く　自分を活かす・キャリアが広がる』
九門崇著
英治出版株式会社

アジアで働こうとしたさいに懸念される言語や商習慣の実践例なども紹介されている、心得書ともいえる本です。海外へ赴任することがあれば、その前に読んでおくとよい1冊でしょう。

職業MAP! 興味があるのはどの仕事?

体力勝負!
チームワーク命!
身体を活かす
警察官
海上保安官
自衛官
消防官
宅配便ドライバー
救急救命士
警備員
照明スタッフ
イベントプロデューサー
音響スタッフ
地球の外で働く
宇宙飛行士
飼育員
市場で働く人たち
動物看護師
ホテルマン
乗り物にかかわる
船長
機関長
航海士
トラック運転手
パイロット
タクシー運転手
客室乗務員
バス運転士
グランドスタッフ
バスガイド
鉄道員
子どもにかかわる
学童保育指導員
保育士
幼稚園教師
小学校教師
中学校教師
高校教師
人を支える
特別支援学校教師
養護教諭
手話通訳士
介護福祉士
ホームヘルパー
スクールカウンセラー
ケアマネジャー
臨床心理士
保健師
児童福祉司
社会福祉士
精神保健福祉士
義肢装具士
栄養士
言語聴覚士
視能訓練士
歯科衛生士
臨床検査技師
臨床工学技士
診療放射線技師
理学療法士
作業療法士
助産師
看護師
歯科技工士
薬剤師
日本や世界で働く
地方公務員
国連スタッフ
国家公務員
国際公務員
銀行員
小児科医
獣医師
歯科医師
医師

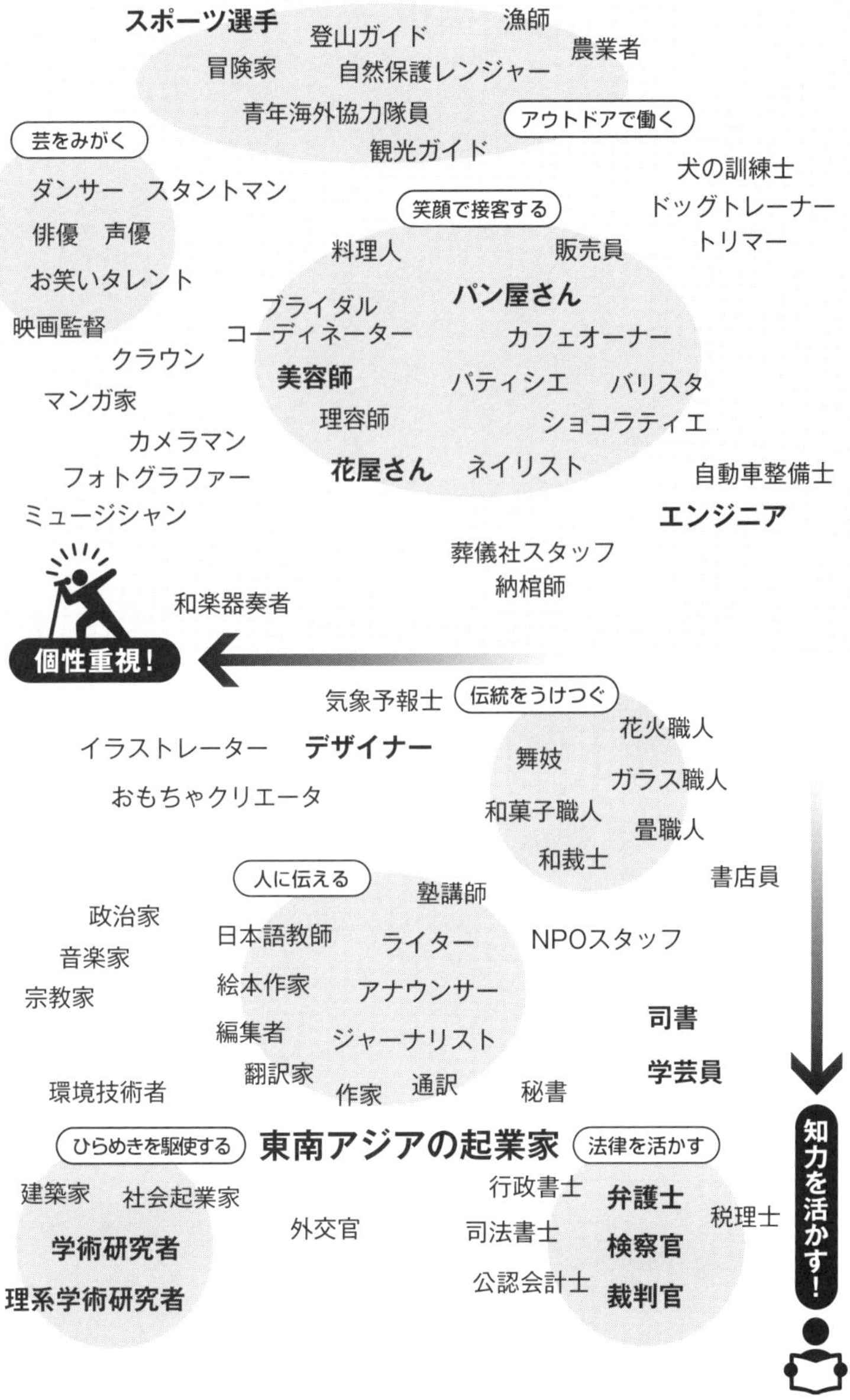
アウトドアで働く
スポーツ選手
登山ガイド
漁師
農業者
冒険家
自然保護レンジャー
青年海外協力隊員
観光ガイド
芸をみがく
ダンサー
スタントマン
俳優
声優
お笑いタレント
映画監督
クラウン
マンガ家
カメラマン
フォトグラファー
ミュージシャン
犬の訓練士
ドッグトレーナー
トリマー
笑顔で接客する
料理人
販売員
パン屋さん
ブライダルコーディネーター
カフェオーナー
美容師
パティシエ
バリスタ
理容師
ショコラティエ
花屋さん
ネイリスト
自動車整備士
エンジニア
葬儀社スタッフ
納棺師
和楽器奏者
個性重視！
気象予報士
伝統をうけつぐ
花火職人
舞妓
ガラス職人
和菓子職人
畳職人
和裁士
イラストレーター
デザイナー
おもちゃクリエータ
書店員
人に伝える
塾講師
政治家
日本語教師
ライター
NPOスタッフ
音楽家
絵本作家
アナウンサー
宗教家
司書
編集者
ジャーナリスト
学芸員
翻訳家
通訳
作家
秘書
環境技術者
ひらめきを駆使する
東南アジアの起業家
法律を活かす
建築家
社会起業家
行政書士
弁護士
税理士
外交官
司法書士
検察官
学術研究者
理系学術研究者
公認会計士
裁判官
知力を活かす！

［著者紹介］

横山和子（よこやま かずこ）

北海道小樽市出身。北海道大学経済学部経営学科卒。インディアナ州立大学大学院経営管理学修士課程修了。京都大学博士（経済学）。ILO・UNHCR・FAOなどの国際機関に9年間勤務。現在、東洋学園大学大学院教授。主な著書に『国際公務員になるには』（ぺりかん社）、『国際公務員のキャリアデザイン』（白桃書房）、『国連ボランティアをめざす人へ』（岩波書店）などがある。

東《とう》南《なん》アジアで働《はたら》く

2017年12月10日　初版第1刷発行

著者　横山和子

発行者　廣嶋武人

発行所　株式会社ぺりかん社
〒113-0033　東京都文京区本郷1-28-36
TEL　03-3814-8515（営業）
03-3814-8732（編集）
http://www.perikansha.co.jp/

印刷・製本所　モリモト印刷株式会社

ISBN 978-4-8315-1490-5　Printed in Japan

仕事の実際から
なり方まで解説

なるにはBOOKS

B6判／並製カバー装
平均160頁

130 検察官になるには
最高検察庁協力／
三木賢治（元毎日新聞論説委員）著
❶「秋霜烈日」を胸に
❷検察官の世界［検察とは何か、検察庁の組織と機構、検察官の仕事他］
❸なるにはコース［適性と心構え、検事に必要な法曹資格］
★

132 裁判官になるには
三木賢治（元毎日新聞論説委員）著
❶現代の"大岡裁き"をめざして
❷裁判官の世界［裁判とは何か、裁判の仕組みと裁判所、裁判官という職業、裁判の実際、裁判員制度他］
❸なるにはコース［法科大学院と新司法試験、司法修習生になったら他］
☆

48 警察官になるには
宍倉正弘（元（財）全防連広報部長）著
❶市民の生活と安全を守る警察［湾岸警察署、機動捜査隊、交通機動隊他］
❷警察官の世界［警察の歴史、機構、警察官の待遇他］
❸なるにはコース［採用試験、警察学校、警察学校教官に聞く］
☆

114 自衛官になるには
山中伊知郎（フリーライター）著
❶日本を守る現場から
❷自衛官の世界［自衛隊の歴史、組織、階級、職種、女性自衛官の活躍、生活と待遇、取得できる資格］
❸なるにはコース［適性と心構え、自衛官採用試験、教育養成機関の紹介］
☆

138 社会起業家になるには
籏智優子（フリーライター）著
❶社会問題の解決に向けて
❷社会起業家の世界［社会起業家とは？、世界の社会起業家たち、活躍する分野、生活と収入、将来性］
❸なるにはコース［適性と心構え／養成施設／起業するには］
☆

65 地方公務員になるには
井上繁（元常磐大学教授）編著
❶地域のために
❷地方公務員の世界［地方公務員とは、地方公務員の職場・組織、さまざまな地方公務員、生活と収入、将来］
❸なるにはコース［適性と心構え、試験の概要、就職の実際］
☆

20 国家公務員になるには
井上繁（元常磐大学教授）編著
❶国民全体の奉仕者として
❷国家公務員の世界［国家公務員とは、国家公務員の特殊性、役所の機構と業務、生活と収入他］
❸なるにはコース［適性と心構え、なるための道のり、試験の概要他］
☆

83 国際公務員になるには
横山和子（東洋学園大学大学院教授）著
❶国際社会の平和と安全のために
❷国際公務員の世界［日本と国連とのかかわり／国連・国際機関の組織と仕組み／生活と収入他］
❸なるにはコース［適性と心構え／国際公務員への道のり他］
☆

51 青年海外協力隊員になるには
横山和子（東洋学園大学大学院教授）著
❶自分の技術を世界で活かす！
❷青年海外協力隊員の世界［国際協力事業とは、隊員の仕事、選考方法と試験、派遣前訓練、帰国後の進路・再就職］
❸国際ボランティアと国際協力団体／職種別試験問題（抜粋）
☆

21 弁護士になるには
田中宏（中央大学法科大学院実務講師）・
山中伊知郎（フリーライター）著
❶法律の現場から
❷弁護士の世界［「弁護」と弁護士の歴史、弁護士の活躍の場、生活と収入、将来］
❸なるにはコース［適性と心構え、司法試験、司法修習、就職活動］
☆

☆☆☆…1600円　★★★…1500円　☆☆…1300円　★★…1270円　☆…1200円　★…1170円（税別価格）

19 **司書になるには**
森智彦(東海大学専任准教授)著
❶本と人をつなぐ仕事
❷司書の世界[図書館とは何か、司書・司書教諭・学校司書の仕事、図書館と司書の未来、生活と収入]
❸なるにはコース[適性と心構え、資格の取得方法、就職の実際他]
★★★

27 **学術研究者になるには(人文・社会科学系)(改訂版)**
小川秀樹(岡山大学教授)著
❶第一線で活躍する研究者たち
❷学術研究者の世界[学術研究者とは、人文・社会科学系の学問とは、研究所の実際、研究者の生活他]
❸なるにはコース[適性と心構え、就職の実際他]/他

☆

61 **社会福祉士・精神保健福祉士になるには**
田中英樹(早稲田大学教授)・菱沼幹男(日本社会事業大学准教授)著
❶支援の手をさしのべて
❷社会福祉士の世界[現場と仕事、生活と収入・将来性、なるにはコース]
❸精神保健福祉士の世界[現場と仕事、生活と収入・将来性、なるにはコース]

☆

100 **介護福祉士になるには**
渡辺裕美(東洋大学教授)編著
❶超高齢社会へ向けて
❷介護福祉士の世界[社会福祉とは、介護福祉士の誕生から現在まで、活躍する現場と仕事、生活と収入、将来性他]
❸なるにはコース[適性と心構え、介護福祉士への道のり、就職の実際他]

☆

129 **ケアマネジャーになるには**
稲葉敬子(介護ジャーナリスト)・伊藤優子(龍谷大学短期大学部准教授)著
❶福祉職のコンダクターとして
❷ケアマネジャーの世界[ケアマネジャーの仕事、生活と収入、将来性他]
❸なるにはコース[適性と心構え、試験について、研修の内容]
★

16 **保育士になるには**
金子恵美(日本社会事業大学教授)編著
❶子どもたちの成長に感動する日々!
❷保育士の世界[保育士の仕事、保育の歴史、保育士の働く施設と保育の場、勤務体制と収入]
❸なるにはコース[適性と心構え、資格取得について、採用について]
☆

☆

56 **幼稚園教師になるには**
大豆生田啓友(玉川大学教育学部准教授)・木村明子(フリーライター)著
❶幼稚園ってどんなところ?
❷幼稚園教師の世界[幼稚園教師の役割、職場、生活と収入、これから他]
❸なるにはコース[適性、免許状をとるには、養成機関について、採用・就職]

☆

29 **小学校教師になるには**
森川輝紀(福山市立大学教育学部教授)著
❶子どもとともに
❷小学校教師の世界[教師の歴史、小学校の組織とそこで働く人びと、給与他]
❸なるにはコース[心構え、資格をとるために、教壇に立つには、小学校教師のこれから他]

☆

89 **中学校・高校教師になるには**
森川輝紀(福山市立大学教育学部教授)編著
❶生徒とともに学び続ける
❷中学校・高校教師の世界[中学校教師の職場と仕事、高校教師の1年間の仕事、実技系教師、給与他]
❸なるにはコース[心構え、資格を取るには、教壇に立つには]

66 **特別支援学校教師になるには**
松矢勝宏(東京学芸大学名誉教授)・宮崎英憲(東洋大学教授)・高野聡子(東洋大学准教授)著
❶ともに生きる喜び
❷特別支援学校教師の世界[特別支援教育の種類と特徴、生活と収入他]
❸なるにはコース[心構え、免状について、養成機関について、採用・就職]
☆

73 自然保護レンジャーになるには
須藤ナオミ・藤原祥弘著／キャンプよろず相談所編
❶人と自然の共生をめざして
❷自然保護と環境省レンジャーの世界［歴史、生活と収入、なるには］
❸民間レンジャーの世界［日本自然保護協会、日本野鳥の会、東京都レンジャー、パークレンジャー、なるには］
★★★

118 カフェオーナー・カフェスタッフ・バリスタになるには
安田理（フードビジネス企画開発室代表取締役）編著
❶コーヒーに魅せられて
❷カフェオーナー・カフェスタッフ・バリスタの世界［カフェ業界について学んでみよう、生活と収入、将来性他］
❸なるにはコース［専門学校、就職他］
☆

64 旅行業務取扱管理者になるには
鈴木一吉（トラベルライター）著
❶夢のある“旅”という商品作りのために
❷旅行業務取扱管理者の世界［旅行業界とは、旅行会社という組織を見る、旅行業務の一日を見る、将来性他］
❸なるにはコース［適性と心構え、活用できる資格、旅行業界への道］
★

134 パティシエになるには
辻製菓専門学校編著
❶美しいデセールに魅せられて
❷パティシエの世界［お菓子の起源と種類、パティシエの１日、製菓メーカー・製品開発の仕事、ショコラトリー、業界の現状と将来］
❸なるにはコース［就職、独立・開業］
☆

142 観光ガイドになるには
中村正人（ジャーナリスト）著
❶“おもてなし”の心をもって
❷通訳案内士の世界［観光ガイドを取り巻く世界、通訳案内士とは、生活と収入、通訳案内士になるには他］
❸添乗員の世界［添乗員とは、添乗員の仕事、生活と収入、添乗員になるには他］
☆

35 販売員・ファッションアドバイザーになるには
浅野恵子（フリーライター）著
❶お買い物に感動を添えて
❷販売員・ファッションアドバイザーの世界［販売の仕事の基礎知識、「小売業」の歴史、生活と収入・将来性］
❸なるにはコース［就職・研修、資格］
☆

43 秘書になるには
社団法人日本秘書協会監修／
石井はるみ（元社団法人日本秘書協会常任理事）著
❶上司を支えるプロフェッショナルとして
❷秘書の世界［秘書とは何だろう、秘書の歴史、秘書の仕事を見る、収入と生活他］
❸なるにはコース［適性と心構え、取得したい資格他］
★

137 ネイリストになるには
津留有希（フリーライター）著
❶カラー口絵／爪先から女性を美しく！
❷ネイリストの世界［ネイルケア小史、ネイリストの仕事、生活と収入他］
❸なるにはコース［適性と心構え、ネイリストの働き方、学校訪問、ネイリストへの道、独立と開業他］
☆☆

140 銀行員になるには
泉美智子（鳥取環境大学准教授）著
❶お金を扱う現場から
❷銀行員の世界［銀行とは、銀行の役割、銀行の歴史、銀行員の仕事、銀行員の種類、さまざまな銀行員、生活と収入］
❸なるにはコース［適性と心構え、就職の実際、銀行員の資格取得］
☆

127 ブライダルコーディネーターになるには
浅野恵子（フリーライター）著
❶人生最良の一日を幸せいっぱいに演出!
❷ブライダルコーディネーターの世界［ブライダルコーディネーターの仕事、一日を追う、結婚式を支える仕事仲間たち他］
❸なるにはコース［資格、就職への道他］
★

97 作業療法士になるには
濱口豊太（埼玉県立大学教授）編著
❶作業活動を通じて社会復帰を応援する！
❷作業療法士の世界［作業療法の定義と歴史、作業療法の実際、生活・収入］
❸なるにはコース［適性と心構え、養成校について、国家試験、就職について］
☆

113 言語聴覚士になるには
日本言語聴覚士協会協力
中島匡子（医療ライター）著
❶言葉、聞こえ、食べる機能を支援するスペシャリスト！
❷言語聴覚士の世界［働く場所、生活と収入、言語聴覚士のこれから他］
❸なるにはコース［適性と心構え、資格他］
★★★

146 義肢装具士になるには
㈳日本義肢装具士協会協力
益田美樹（ジャーナリスト）著
❶オーダーメードの手足と装具を作る
❷義肢装具士の世界［働く場所と仕事内容、生活と収入、将来性他］
❸なるにはコース［適性と心構え、養成校、資格試験、採用・就職他］
★★★

105 保健師・養護教諭になるには
山崎京子（元茨城キリスト教大学教授）監修
鈴木るり子・標美奈子・堀篭ちづ子編著
❶人びとの健康と生活を守りたい
❷保健師の世界［保健師とは？、仕事と職場、収入・将来性、なるにはコース］
❸養護教諭の世界［養護教諭とは？、仕事と職場、収入・将来性、なるにはコース］
★★★

147 助産師になるには
加納尚美（茨城県立医療大学教授）著
❶命の誕生に立ち会うよろこび！
❷助産師の世界［助産師とは、働く場所と仕事内容、連携するほかの仕事、生活と収入、将来性他］
❸なるにはコース［適性と心構え、助産師教育機関、国家資格試験、採用と就職他］
★★★

12 医師になるには
小川明（医療・科学ジャーナリスト）著
❶医療の現場から
❷医師の世界［医師とは、医療の歴史、医師の仕事、将来像、生活と収入］
❸なるにはコース［適性と心構え、医学部入試、医師国家試験、就職の実際］／医学系大学一覧
☆

13 看護師になるには
川嶋みどり（日本赤十字看護大学客員教授）監修
佐々木幾美・吉田みつ子・西田朋子著
❶患者をケアする
❷看護師の世界［看護師の仕事、歴史、働く場、生活と収入、仕事の将来他］
❸なるにはコース［看護学校での生活、就職の実際］／国家試験の概要］
☆

86 歯科医師になるには
笹田久美子（医療ライター）著
❶歯科治療のスペシャリスト
❷歯科医師の世界［歯科医療とは、歯科医療の今むかし、歯科医師の仕事、歯科医師の生活と収入、歯科医師の将来］
❸なるにはコース［適性と心構え、歯科大学、歯学部で学ぶこと、国家試験他］
★★★

47 歯科衛生士・歯科技工士になるには
宇田川廣美（医療ライター）著
❶口の中の健康を守る！
❷歯科衛生士・歯科技工士の世界［歯科衛生士の仕事、歯科技工士の仕事、生活と収入、将来］
❸なるにはコース［適性と心構え、養成学校、国家試験、就職の実際他］
★★★

67 理学療法士になるには
丸山仁司（国際医療福祉大学教授）編著
❶機能回復に向けて支援する！
❷理学療法士の世界［理学療法の始まりと進展、理学療法士の仕事、理学療法士の活躍場所、生活・収入］
❸なるにはコース［養成校について、国家試験と資格、就職とその後の学習］
☆

143 **理系学術研究者になるには**

佐藤成美（サイエンスライター）著

❶研究する日々の喜び！
❷理系学術研究者の世界［学術研究者と論文、理系の学問と研究分野、研究施設のいろいろ、生活と収入他］
❸なるにはコース［適性と心構え、理系学術研究者への道他］

☆

大学学部調べ **看護学部・保健医療学部**

松井大助（教育ライター）著

❶看護学部・保健医療学部はどういう学部ですか？
❷どんなことを学びますか?
❸キャンパスライフを教えてください
❹資格取得や卒業後の就職先は？
❺めざすなら何をしたらいいですか？

☆☆☆

大学学部調べ **理学部・理工学部**

佐藤成美（サイエンスライター）著

❶理学部・理工学部はどういう学部ですか？
❷どんなことを学びますか?
❸キャンパスライフを教えてください
❹資格取得や卒業後の就職先は？
❺めざすなら何をしたらいいですか？

☆☆☆

大学学部調べ **社会学部・観光学部**

中村正人（ジャーナリスト）著

❶社会学部・観光学部はどういう学部ですか？
❷どんなことを学びますか?
❸キャンパスライフを教えてください
❹資格取得や卒業後の就職先は？
❺めざすなら何をしたらいいですか？

☆☆☆

大学学部調べ **文学部**

戸田恭子（フリーライター）著

❶文学部はどういう学部ですか？
❷どんなことを学びますか?
❸キャンパスライフを教えてください
❹資格取得や卒業後の就職先は？
❺めざすなら何をしたらいいですか？

☆☆☆

90 **動物看護師になるには**

井上こみち（ノンフィクション作家）著

❶ペットの命を見つめ健康をささえる
❷動物看護師の世界［動物看護師とは、動物看護師の仕事、生活と収入、動物看護師のこれから］
❸なるにはコース［適性と心構え、養成学校で学ぶこと、資格、就職］

☆☆☆

91 **ドッグトレーナー・犬の訓練士になるには**

井上こみち（ノンフィクション作家）著

❶犬の能力をひきだすスペシャリスト！
❷ドッグトレーナー・犬の訓練士の世界［訓練士の仕事の基本、訓練士とともに活躍する犬たち、生活と収入他］
❸なるにはコース［心構え、なるための道、養成学校、就職するために］

☆☆☆

92 **動物園飼育員・水族館飼育員になるには**

高岡昌江（いきものライター）著

❶いきものの命を預かる現場
❷動物園飼育員の世界［現場と日常の仕事／生活と収入／なるにはコース他］
❸水族館飼育員の世界［現場と日常の仕事／生活と収入／なるにはコース他］

☆☆☆

34 **管理栄養士・栄養士になるには**

藤原眞昭（群羊社代表取締役）著

❶"食"の現場で活躍する
❷管理栄養士・栄養士の世界［活躍する仕事場、生活と収入、将来性他］
❸なるにはコース［適性と心構え、資格をとるには、養成施設の選び方、就職の実際他］／養成施設一覧

☆

144 **気象予報士・予報官になるには**

金子大輔（桐光学園教員・気象予報士）著

❶気象予報の現場から
❷気象予報士・予報官の世界［天気予報とは、気象予報の歴史、気象予報の仕事、生活と収入、将来］
❸なるにはコース［適性と心構え、気象予報士試験、就職の実際他］

☆

☆☆☆…1600円　★★★…1500円　☆☆…1300円　★★…1270円　☆…1200円　★…1170円（税別価格）

補巻 16 アウトドアで働く

須藤ナオミ(アウトドアライター)著／キャンプよろず相談所編

❶アウトドアの仕事とは
❷用具にかかわる仕事［販売員、メーカー社員］／フィールドにかかわる仕事［登山ガイド他］／メディアにかかわる仕事／安全と命にかかわる仕事他

☆

補巻 17 イベントの仕事で働く

岡星竜美(東京富士大学教授)著

❶"イベント"について学ぼう！
❷イベントの現場で活躍する仕事人［イベントプロデューサー、音響スタッフ、照明スタッフ、美術スタッフ、企画運営スタッフ、警備スタッフ、アクション俳優］
❸なるにはコース

☆

補巻 18 東南アジアで働く

横山和子(東洋学園大学大学院教授)著

❶東南アジアを知ろう
❷新たな市場を発見！［タイ：市場調査会社、香港：照明デザイン会社他］
❸社会の経済発展を支援！［カンボジア：土地開発や人材開発事業会社他］
❹東南アジアで働くために

★★★

補巻 19 魚市場で働く

鑓田浩章(エディトリアルディレクター)著

❶「卸売市場」について学ぼう
❷魚市場で働く人びとと役割分担［卸売業者、仲卸業者、売買参加者、買出人］
❸魚市場を支えるプロフェッショナルたち［食品衛生検査所の食品衛生監視員、冷蔵倉庫業者、せり人、グローバル営業］

★★★

別巻 働くための「話す・聞く」

上田晶美(キャリアコンサルタント)著

❶なぜ今コミュニケーション力なのか？
❷あいさつがすべての始まり／自分らしく話そう／聞く姿勢を大切に／積極的に聞こう／働く人に聞く、コミュニケーション力とは？
コラム［苦手な人とどうつきあう？ 他］

☆☆

補巻 10「教育」で働く

杉山由美子(フリーライター)著

❶人の成長にかかわりたい！［予備校・進学塾講師、幼児受験塾講師］
❷「教育」をとりまく世界［教育業界の歴史・仕事・将来、生活と収入］
❸まだまだいる「教育」で働く人［通信教育、知育玩具、教材編集他］

☆

補巻 11 環境技術で働く

藤井久子(フリーライター)著

❶地球環境に貢献する技術者たち［太陽光発電技術者、風力発電技術者、燃料電池技術者］
❷まだまだある環境技術の仕事［バイオ燃料技術者、LED 照明技術者他］
❸なるにはコース［就職、収入と生活他］

☆

補巻 13 ＮＰＯ法人で働く

小堂敏郎(経営ジャーナリスト)著

❶ＮＰＯ法人とは／私はこうしてＮＰＯ法人に就職した［食事でアフリカ支援、学校で社会を学ぶ、湖を再生する取り組み
❷ＮＰＯ法人の世界［ＮＰＯ法人の仕組み、ＮＰＯ法人の収入と職員の給与］
❸ＮＰＯ法人で働くために

☆

補巻 14 子どもと働く

木村明子(フリーライター)著

❶子どもをとりまく世界と仕事
❷誕生、成長に寄り添う人たち［小児科医、保育士、小学校教師、学童保育指導員］
❸育っていく環境を支える人たち［司書、クラウン、育児用品の企画開発他］／子どもにかかわる世界で働くために

☆

補巻 15 葬祭業界で働く

薄井秀夫(宗教評論家)・柿ノ木坂ケイ(葬送ライター)著

❶葬祭業界について学ぼう
❷葬儀にかかわる仕事［葬儀社スタッフ、湯灌師・納棺師、エンバーマー、生花祭壇スタッフ、葬儀司会者、僧侶］
❸葬祭関連の仕事［仏壇店、霊園、石材店］

☆

【なるにはBOOKS】

税別価格 1170円〜1600円

❶——パイロット
❷——客室乗務員
❸——ファッションデザイナー
❹——冒険家
❺——美容師・理容師
❻——アナウンサー
❼——マンガ家
❽——船長・機関長
❾——映画監督
❿——通訳・通訳ガイド
⓫——グラフィックデザイナー
⓬——医師
⓭——看護師
⓮——料理人
⓯——俳優
⓰——保育士
⓱——ジャーナリスト
⓲——エンジニア
⓳——司書
⓴——国家公務員
㉑——弁護士
㉒——工芸家
㉓——外交官
㉔——コンピュータ技術者
㉕——自動車整備士
㉖——鉄道員
㉗——学術研究者(人文・社会科学系)
㉘——公認会計士
㉙——小学校教師
㉚——音楽家
㉛——フォトグラファー
㉜——建築技術者
㉝——作家
㉞——管理栄養士・栄養士
㉟——販売員・ファッションアドバイザー
㊱——政治家
㊲——環境スペシャリスト
㊳——印刷技術者
㊴——美術家
㊵——弁理士
㊶——編集者
㊷——陶芸家
㊸——秘書
㊹——商社マン
㊺——漁師
㊻——農業者
㊼——歯科衛生士・歯科技工士
㊽——警察官
㊾——伝統芸能家
㊿——鍼灸師・マッサージ師
51——青年海外協力隊員
52——広告マン
53——声優
54——スタイリスト
55——不動産鑑定士・宅地建物取引主任者
56——幼稚園教師
57——ツアーコンダクター
58——薬剤師
59——インテリアコーディネーター
60——スポーツインストラクター
61——社会福祉士・精神保健福祉士
62——中小企業診断士
63——社会保険労務士
64——旅行業務取扱管理者
65——地方公務員
66——特別支援学校教師
67——理学療法士
68——獣医師
69——インダストリアルデザイナー
70——グリーンコーディネーター
71——映像技術者
72——棋士
73——自然保護レンジャー
74——力士
75——宗教家
76——CGクリエータ
77——サイエンティスト
78——イベントプロデューサー
79——パン屋さん
80——翻訳家
81——臨床心理士
82——モデル
83——国際公務員
84——日本語教師
85——落語家
86——歯科医師
87——ホテルマン
88——消防官
89——中学校・高校教師
90——動物看護師
91——ドッグトレーナー・犬の訓練士
92——動物園飼育員・水族館飼育員
93——フードコーディネーター
94——シナリオライター・放送作家
95——ソムリエ・バーテンダー
96——お笑いタレント
97——作業療法士
98——通関士
99——杜氏
100——介護福祉士
101——ゲームクリエータ
102——マルチメディアクリエータ
103——ウェブクリエータ
104——花屋さん
105——保健師・養護教諭
106——税理士
107——司法書士
108——行政書士
109——宇宙飛行士
110——学芸員
111——アニメクリエータ
112——臨床検査技師・診療放射線技師・臨床工学技士
113——言語聴覚士
114——自衛官
115——ダンサー
116——ジョッキー・調教師
117——プロゴルファー
118——カフェオーナー・カフェスタッフ・バリスタ
119——イラストレーター
120——プロサッカー選手
121——海上保安官
122——競輪選手
123——建築家
124——おもちゃクリエータ
125——音響技術者
126——ロボット技術者
127——ブライダルコーディネーター
128——ミュージシャン
129——ケアマネジャー
130——検察官
131——レーシングドライバー
132——裁判官
133——プロ野球選手
134——パティシエ
135——ライター
136——トリマー
137——ネイリスト
138——社会起業家
139——絵本作家
140——銀行員
141——警備員・セキュリティスタッフ
142——観光ガイド
143——理系学術研究者
144——気象予報士・予報官
145——ビルメンテナンススタッフ
146——義肢装具士
147——助産師
補巻5 「運転」で働く
補巻6 テレビ業界で働く
補巻8 映画業界で働く
補巻10 「教育」で働く
補巻11 環境技術で働く
補巻12 「物流」で働く
補巻13 NPO法人で働く
補巻14 子どもと働く
補巻15 葬祭業界で働く
補巻16 アウトドアで働く
補巻17 イベントの仕事で働く
補巻18 東南アジアで働く
補巻19 魚市場で働く
別巻 働く時のルールと権利
別巻 就職へのレッスン
別巻 数学は「働く力」
別巻 働くための「話す・聞く」
別巻 中高生からの選挙入門
別巻 小中高生におすすめの本300

【大学 学部調べ】
●——看護学部・保健医療学部
●——理学部・理工学部
●——社会学部・観光学部
●——文学部

一部品切中のものがございます。在庫につきましては、小社営業部までお問い合わせください。 17.11.